闇の支配者に握り潰された世界を救う技術

【現代編】

Secret Technology That Could Save The World

元『フォーブス』アジア太平洋支局長
ベンジャミン・フルフォード
Benjamin Fulford

イースト・プレス

闇の支配者に握り潰された世界を救う技術〈現代編〉

はじめに

「夢の二一世紀」を奪ったのは誰だ？

「注射を打つだけでノーベル賞級の頭脳になる」
「老化現象がなくなり、寿命が何倍にも延びる」
「心臓の数を増やすことで、金メダリスト級の運動能力を持てる」
「富士山より高い、四〇〇〇メートルのビルが建設される」
「ヒマラヤ山脈や深海に、人間の居住区ができる」
「砂漠はすべて緑化され、汚染された環境も完全回復する」
「地球の人口が二〇〇億人以上になる」
「自分好みの仮想現実（バーチャル・リアリティ）で暮らすことができる」
「車が空を飛ぶようになり、そのまま宇宙へも飛び出せる」
「フリーエネルギーの登場によって、すべての人の所得が一〇倍以上になる」

まさに夢の技術である。

いつかできるといいなあ、と誰もが思うだろう。同時に「自分が生きている間に実現することはない」とも思うだろう。

それは間違いである。そうして私たちはだまされてきたのだ。


これら夢の技術は、「やろうと思えば実現可能なことばかり」である。

できない理由のほとんどは「コスト」の問題だ。

たとえば四〇〇〇メートル級のビルは、一九九〇年、日本の大成《たいせい》建設が「いまの技術で可能なこと」として発表している。ただし、国家予算級の資金が必要なので、いまだ実現のめどは立っていない。

また、米国政府は、映画『スター・ウォーズ』に登場する巨大宇宙ステーション「デス・スター」の建設について、二〇一三年一月、「八五京《けい》ドルあれば可能」と公式にコメントしている。

これら夢の技術は、コストの問題さえ片づけば、いくらでも実現可能なのだ。

そのコストの問題も、決して難しいものではない。

フリーエネルギー（永久機関）が登場するだけでよいのだ。
現在、世界の経済活動の六割はエネルギーコストとして消費されている。これがすべてタダ同然となれば、いまの貨幣感覚で誰もが億万長者になれる。地球の人口七〇億人が、全員、年収一億円の億万長者になれるのだ。たとえ空飛ぶ自動車が何千万円しようとも、飛ぶように売れるはずだ。

この世界を救い、人類を幸せにする「夢の技術」は、たしかに存在している。
問題は、それを「封印」してきた勢力が存在することだ。

いったい誰が「夢の技術」を奪ったのか？
そして、どうやって「夢の技術」を封印してきたのか？
その封印が解かれたとき、この世界はどうなるのか？
私たち人類には、どんな未来が待っているのか？

本書を手にとってくれた読者に、たっぷりと紹介していこう。

闇の支配者に握り潰された世界を救う技術〈現代編〉　目次

第2章 「常温核融合」が潰された真の理由

第3章　日本が誇るトヨタの技術と軍需産業の闇

第4章
「アトランティスの暗号」と“彼ら”の正体

第5章 歴史を裏から動かすアトランティスの末裔たち

第6章 人類の文明はこうして歪められてきた

第7章 独占された軍事技術をこの手にとり戻せ

第8章　人類の宇宙進出と「超古代文明」の痕跡

第9章 「未来を信じる力」が封印を解き放つ！

装丁　重原隆
挿画　蔵野春生
編集協力　西本公広

第1章

闇に葬られた世紀の大発見「STAP細胞」

小保方晴子は「罠」にはめられた！

——STAP《スタップ》細胞は存在する。

こんなことをいうと、読者の多くはあきれて苦笑いすることだろう。

周知のとおり、STAP細胞は、二〇一四年一月、プロジェクトリーダーの小保方晴子《おぼかたはるこ》（元理化学研究所）を中心に、チャールズ・バカンティ（ハーバード大学医学大学院）、若山照彦《わかやまてるひこ》（山梨大学）らが共同で発見した「万能細胞」のことだ。科学界ナンバーワンの専門誌『ネイチャー』に論文が掲載されたことで、日本のみならず世界中にセンセーションを巻き起こした。

ところが、発表直後から論文のねつ造、データの改ざんが指摘されはじめ、あげく小保方晴子の早稲田大学時代の博士論文にまで盗用が発覚。猛烈なバッシングが巻き起こる事態となった。

二〇一四年四月には、理化学研究所が論文のねつ造を認め、同年七月には『ネイチャー』の論文もリジェクト（論文撤回）。早稲田大学の博士号も剥奪され、いまや彼女は稀代《きだい》の詐欺師、STAP細胞も詐欺師の前口上《まえこうじょう》扱いとなり、もはやSTAP細胞の存在の可能性すら誰も口にしなくなっているのが実情だ。

しかし、断言しておきたい。

そうして私たちは「洗脳」されてきたのだ。

たしかに、彼女の発表した論文には落ち度があった。だからといって、なぜそれがSTAP細胞そのものの否定に即つながるのか。精査することなしに否定するほうが「非科学的」だと私はいいたい。

ここまで徹底的にSTAP細胞の存在が否定されている風潮こそ、STAP細胞が何者かによって「封印」された何よりの証拠だ。

封印された理由ははっきりしている。

STAP細胞は「人類が待望した夢の技術」だからだ。

STAP細胞の何が〝画期的〟だったのか

STAP細胞の発見がどれほど画期的だったのか、簡単に説明しておきたい。

まず、人間には、大きく分けて二種類の細胞がある。ひとつは幹細胞《かんさいぼう》で、いわばこれは「細胞製造工場」みたいなもの。毛根の幹細胞なら毛といった具合に、決められた部位の細胞のみを製造する。

その幹細胞からつくられるのが体細胞《たいさいぼう》で、こちらはだいたい三か月で細胞としての寿命が尽きる。よく「三か月で人体が丸ごと入れ替わる」といわれるのは、この体細胞のメカニズムからきているのだ。

ちなみに、死んだ細胞は、便として体外に排出される。便とは、死んだ細胞の廃棄であって食べものの残りかすではない。

体細胞は、寿命を迎える前に細胞分裂をして数を維持する。ところが、分裂の際にエラーが起こることがある。すると、その細胞は「自死」（アポトーシス）する。

成人の細胞数は、おおよそ六〇兆個といわれているが、エラーが増えれば増えるほど、細胞の総数は減っていく。これがいわゆる「老化現象」で、老人になると身体が小さくなるのは細胞が減ったからにほかならない。

さて、私たちの幹細胞は、皮ふや毛根といった「消耗品」だけでなく、臓器や神経、脳細胞などにも存在している。しかし、これらの幹細胞は、必要なだけの細胞を「生産」すると、機能を停止する。いわば製造工場が閉鎖されてしまうのだ。ゆえに、胃ガンになって胃を切除すると、胃はなくなってしまう。腕や足も、いったん失えば再生することはない。

皮ふや毛根の幹細胞のように、胃の幹細胞もずっと「稼働」していればどんなにいいかと思うだろう。しかし、そうすると人体に必要なエネルギーが足りなくなってしまう。胃や脳といった複雑な器官をつくる幹細胞は、いわば特殊なコンビナートだ。いつか壊れるかもしれないからといって、巨大なコンビナートを維持するのは経済的ではないだろう。

ともあれ、失われた部位を再生するには、細胞製造工場としての幹細胞が必要となる。その幹細胞を、初めて人工的につくろうとしたのが、ES細胞（胚性幹細胞）だ。ヒトの受精卵の胚は、各臓器になる前の未分化の状態。そこでこの胚をとり出し、たとえば胃の細胞と一緒に培養すると、胃の幹細胞へと変化して、どんどん胃の体細胞をつくり始める。

これが再生医療の基本的な考え方で、どんな部位にも変化することができる幹細胞を「万能細胞」と呼ぶ。

この技術は、じつは一九六〇年代にほぼ完成している。問題は技術的なことより、ヒトの受精卵を使用することへの批判だ。ES細胞は、誰かの「命」そのものともいえ、生命科学の分野では「禁断の研究」という扱いを受けてきた。誰もが気楽に受けられる医療とはなりえなかったわけだ。

そんな閉塞した状況に風穴《かざあな》を開けたのが、二〇一二年一〇月、ノーベル賞を受賞した京都大学の山中伸弥《やまなかしんや》教授だ。

二〇〇六年、山中教授は、特定の遺伝子にある遺伝子操作を加えることで、体細胞が万能細胞の状態まで「初期化」することを発見。これをiPS細胞（人工多能性幹細胞）と名づけた。再生医療の実現に大きな一歩を踏み出す、画期的な発見だった。

とはいえ、問題がなかったわけではない。

iPS細胞は、細胞の初期化を防ぐ「ストッパー」を破壊することで、万能細胞へと変化させる。つまり、iPS細胞由来で製造される体細胞には、初期化を防ぐストッパーが最初からないのだ。

もし何かの拍子に体細胞が「初期化」すると、それは多くの場合、ガン細胞となる。切断された腕をiPS細胞で再生した場合、再生された約一兆個のiPS由来の細胞は、いつガン化するかわからない「時限爆弾」となる。

iPS細胞による再生医療の技術は、まだ始まって数年。iPS細胞を使って、二〇年、三〇年、「ガン化」の懸念は本当にないのか――。これが実用化最大の障壁となっている。

となれば次のターゲットは、当然、遺伝子操作によらない細胞の「初期化」となる。

もうおわかりだろう、

これこそがSTAP細胞だったのだ。

図1　3つの万能細胞はこう違う

おもな貢献者	**ES細胞** **M・エバンス博士** （英国）	**iPS細胞** **山中伸弥教授** （京都大学）	**STAP細胞** **小保方晴子氏** （元理研ユニットリーダー）
歴史	81年　マウスで成功 98年　人で成功 07年　ノーベル賞	06年　マウスで成功 07年　人で成功 12年　ノーベル賞	14年　マウスで成功 ?年　人で成功?
つくり方	受精卵 ↓ 5〜7日成長させる （胚盤胞の段階） ↓ 内部の細胞をとり出して 培養（3〜4週間） ↓ **ES細胞**	体の細胞 （最初は皮ふ細胞） ↓ 3〜4種類の 遺伝子を加える ↓ 培養（2〜3週間） ↓ **iPS細胞**	体の細胞 （最初はリンパ球） ↓ 弱酸性の溶液中に 25分置く ↓ 得た細胞を培養（3日間） ↓ **STAP細胞**
特性と応用	ノックアウト（遺伝子欠損）マウスなど、動物実験に大きく貢献。人間への応用は倫理面で大きなハードルがある。	網膜など再生医療の臨床研究が始まる。がん化など安全性に課題がある。患者の細胞を使った難病解明や創薬に向く。	細胞自身に手を加えないので、作製が簡単。しくみが解明できれば、究極の再生医療などへの道が開く可能性がある。

（参考『朝日新聞』2014年2月6日）

この発見が再生医療に革命を起こす

小保方晴子のＳＴＡＰ細胞は、簡単に説明すると、弱酸性の刺激を細胞に与えると、ごく一部の細胞が万能細胞に変化するという「発見」だ。

ごく一部というのは、一億個のうちひとつといったレベル。ｉＰＳ細胞のように、遺伝子操作で確実に万能細胞になるわけではないので、再現性はきわめて低い。

宝くじにたとえてみよう。一億枚の宝くじのうち、たった一枚の「当たりくじ」を引き当てるには、どうすればよいか。その当たりくじがふくまれる集団を、たとえば四分の一に絞りこんで二五〇〇万分の一にすればいい。当然、当たりを引きやすくなる。

彼女の論文は、このような絞りこみをして、当たりくじ＝ＳＴＡＰ細胞を引き当てたという内容だ。

重要なのは二つ。

ひとつは、外部からの刺激でとにかく「初期化」する細胞が存在すること。

もうひとつは、彼女の考案した手法は、あくまでもやり方のひとつであって、これ以外にも、もっと効率的に絞りこむ方法が存在するということだ。

外部刺激で万能細胞がつくれるとなれば、iPS細胞のネックとなっていた「ガン化」の問題もクリアできる。あとは、より効率的な方法を見つけ出せばいい。とにかく外部刺激で初期化することがわかっただけで、本当にすばらしい発見だったのだ。

とはいえ、このSTAP現象じたいはそれほど珍しいものではない。古今東西、多くの事例が存在している。

有名な事例としては、切断された指の再生がある。

二〇一三年七月、英国で「指を再生する魔法の粉」が登場した。豚の睾丸《こうがん》から抽出したコラーゲンの粉末を、切断された指にふりかけたら、指が再生したというのだ。粉の値段は一〇〇万円するらしいが……。

別に睾丸の粉などふりかけなくとも、指先一センチ程度の切断なら、「湿潤療法」で再生した事例がいくらでも存在する。湿潤療法というのは、傷口にサランラップのようなビニールを貼りつけて、傷口を真空状態にして再生をうながす治療法のこと。切断されたはずの骨、指紋までふくめて完全にもとに戻すことができる。空気に接しないぶん痛みも少なく、昨今では当たり前の治療法になっている。

では、いったいなぜ再生するのか。次の記事を見てほしい。

〈爪の幹細胞で指先再生――米NY大、切断治療に応用も〉

マウスの指先を切断したときに、失ったのが先端部分だけなら再生するのは、爪の根本にある爪幹細胞の働きであることを、米ニューヨーク大の武尾《たけお》真《まこと》研究員らが突き止め、一三日付の英科学誌『ネイチャー』電子版に発表した。武尾さんは「爪幹細胞を使って、指や手足などの再生ができないか探りたい」としている。切断手術を受けた患者の治療に利用できる可能性もあるという。

マウスは爪の根本部分が残っていれば、切断されても爪が伸び、指がもとに戻る。人でも同様に回復する場合があるが、仕組みは謎だった。（「共同通信」二〇一三年六月一三日）

爪しかつくらないはずの爪幹細胞が指をつくったとすれば、まさしく万能細胞そのもの。となれば、爪幹細胞から万能細胞をつくることも可能になるだろう。

こうした事例が現実に存在する以上、STAP細胞の否定は誤った考えだといわざるをえない。

STAP細胞はこうして「封印」された

とはいえ、小保方晴子の論文があまりにお粗末だったのも事実だ。

先ほどのたとえ話でいえば、当たりくじを一億枚から二五〇〇万枚に絞りこんだので当たりやすくなっただけ。彼女の説が正しいとしても、追試した研究機関からすれば「本当に絞りこまれているのか」「本当に、ここに当たりくじがあるのか」と疑問に感じて、文句をつけたくなるのも無理はない。

時期的に考えて（年度末近い一月の発表）、論文が不完全なことを承知のうえで、急きょ提出した可能性は高いだろう。「予算確保」のためである。

理化学研究所は国（文部科学省）から研究予算をもらっている。その金額は、科学雑誌にどれだけ論文が掲載されたかが目安となる。もし『ネイチャー』に掲載されれば、当面、予算のことで苦労することもなくなる。

もうひとつ、「特許」（パテント）の関係もあったはずだ。小保方晴子の手法に改善の余地があったとしても、「外部刺激による細胞の初期化」という点で特許の申請はできる。再現性の低さによって申請が却下されたとしても、別の誰かがもっといい手法を発表したとき、最初に申請しておくことで一定の恩恵を受けることができる。

こうした状況を先入観なしに眺めてみれば、ひとつの仮説が成り立つ。

小保方晴子は、たしかにＳＴＡＰ細胞を発見した。二五〇〇万分の一の確率で、宝くじの一等を引き当てる幸運に恵まれたのかもしれない。

しかし、論文を書く段階になって、その幸運から見放され、再現に失敗し続ける。もともと再現性の低い手法なのだから当然だろう。しかし、彼女の上司たちは、「予算確保」と「特許」の兼ね合いから「とりあえず、発表しろ」と迫る。彼女はそれに応じざるをえなかった。

こうして、データのねつ造と改ざんに追いこまれたのではないか。

考えてみれば、発表直後から小保方晴子はメディアへの露出を嫌がり、過剰な報道をやめるよう要望していた。その行動ともつじつまが合う。

もうひとつの仮説として、小保方晴子自身がＳＴＡＰ細胞封印に動いたエージェントという可能性もありえなくはないが、彼女のキャリアから考えて、理研やハーバード大学を動かすほどの力はない。やはり、前者の仮説のほうが可能性は高いだろう。

さて、前者と仮定して、小保方晴子にとって不幸だったのが予想以上の過熱報道だ。多少は予想していただろうが、彼女が考えていた以上に「小保方フィーバー」が巻き起こってしまい、対処できなくなっていく。

フィーバーの理由ははっきりしている。

二〇一二年一〇月、山中伸弥教授のノーベル賞受賞だ。

じつは山中教授自身、受賞に「驚いた」と述べているように、かなり異例の受賞だった。iPS細胞の発見が、ノーベル賞に値しないといっているわけでない。異例なのは受賞の時期だ。受賞時期は、iPS細胞による再生医療が実用化する二〇二〇年ごろというのが、もっぱらの噂《うわさ》だったのだ。

ともあれ、山中教授のノーベル賞受賞で、日本はiPS細胞、再生医療関連の報道であふれ返った。世界もiPS細胞フィーバーに沸いた。

そのほぼ一年後、今度は三〇歳（当時）のうら若き日本人女性による「世紀の発見」。再生医療の分野で次々とノーベル賞級の発見が続いたのだ。日本のみならず、世界中でブームが起こらないはずはない。

その結果、過剰なほどSTAP細胞と小保方晴子に注目が集まる。

何かできすぎのように思えないだろうか。まるで、誰かがストーリーを描いているかのようなな……。

じつは、山中教授のノーベル賞受賞から「陰謀」はうごめき出していた。目的はずばり、S

TAP細胞の「封印」である。

このシナリオはずっと前から用意されていた

小保方晴子の当時の肩書きは、「プロジェクトリーダー」だった。三〇歳のたいした経歴もない女性研究者が、どうして日本最高峰の研究機関である理化学研究所の「リーダー」に抜擢《ばってき》されたのか——何か裏があるのではという報道も相次いだが、彼女の経歴を見れば、別に不自然でもなんでもない。

そもそも彼女は、私たちがイメージするような「科学者」ではない。STAP細胞など、細胞の遺伝子を扱う研究では特殊な実験機材を使う。彼女は、その特殊な実験機材を扱うスペシャリストなのだ。

博士論文の盗用も、頭脳で勝負する科学者なら大問題だが、彼女は頭脳ではなく、磨き上げたスキルと根性で勝負する「エンジニア」だ。大学側も当初、再提出ですませようとしたのはそのためだろう。

STAP細胞の発見は、さまざまなパターンの外部刺激を与え、実際に初期化しているかどうかを目をさらにして探すという、じつに地道でつらい作業の連続となる。当たり前だが、大物研究者がみずから行なうことはない。いうなれば「生きた実験機械」として「まあ、やりたいだけやってみなさい」というのが、「プロジェクトリーダー」という肩書きの意味なのだ。

構図がだんだん、見えてきたであろう。

二〇一四年一月の時点で、あの論文を発表すれば、こうなることは最初から「想定内」だったはずなのだ。

・博士論文をまともなレベルで執筆していない
・『ネイチャー』に発表した論文はデータをねつ造している
・発表した手法はかぎりなく再現性が低い

突っこみどころ満載である。山中教授のノーベル賞フィーバーのあとだけに、過熱報道が巻き起これば、必ず誰かがデータの改ざんに気づき、博士論文の盗用を探し出すだろう。そして、彼女は徹底的にバッシングされる……。

ＳＴＡＰ細胞の信ぴょう性をおとしめる「仕掛け」が、あらかじめこれでもかと仕込まれていたとしか思えないのである。

小保方晴子が踏んだ「虎の尾」の正体

この騒動、最大の被害者は『ネイチャー』である。STAP細胞の信ぴょう性を担保していたのは、同誌に二本の論文が掲載されて「科学的」というお墨つきをもらったことにあった。しかし、論文はねつ造だった。それを見抜けなかった同誌は「無能」呼ばわりされ、赤っ恥をかいた。

今後、STAP細胞――外部刺激による体細胞の万能細胞化に関する論文の査読は、慎重に慎重を期し、そのほとんどがリジェクトされるといわれている。

日本では二〇〇〇年、大学の独立行政法人化によって、これまで教授が差配してきた研究者への予算は、有名科学誌への論文掲載が重要な指標となった。

欧米の場合は、もっと露骨だ。

二〇一四年、青色《あおいろ》発光ダイオードでノーベル賞を受賞した中村修二《なかむらしゅうじ》カリフォルニア大学教授が典型だが、欧米の研究者は、年俸数千万円から数億円という高い報酬を得ることができる反面、契約期間内に有名科学誌への論文掲載のノルマがある。ノルマが未達ならば即解雇となる。

審査が厳しいとわかっていながら、あえてＳＴＡＰ細胞にチャレンジする研究者がはたしてどれだけいるだろうか。その証拠に、ＳＴＡＰ細胞に関連した研究は、騒動後、潮が引くように消えている。

それだけではない。

生命科学の第一線で活躍する研究者たちはみな、ある「事実」に気づいたはずなのだ。

再生医療における画期的な発見をした、二人の日本人研究者。一人は最高の栄誉をもって世界中から絶賛され、もう一人は石もて追われ、研究者としての地位さえ剥奪された。露骨すぎるほど明暗くっきりのコントラスト。誰だっていやが応にも気づくだろう。

ああ、小保方晴子は「虎の尾」を踏んだのだろう、と。

ＳＴＡＰ細胞は、ある勢力によって「封印」された。これに手を出すと、生命科学の分野で生きてはいけなくなると。

小保方晴子が踏んでしまった尾の正体は、はっきりしている。

――ビッグファーマ、である。

世界を支配する「ビッグファーマ」とは

ビッグファーマとは、世界を股にかける巨大製薬企業のことだ。

現代医療の危うさは、拙著『人殺し医療』（KKベストセラーズ）にくわしいが、ここでもう一度、簡単に述べておきたい。

現代医療の問題をひと言でいえば、「健康な人を医療行為によって正真正銘の病人にして、死ぬまで医療費を奪いとること」である。

そんな説明をすると驚く読者もいるかもしれないが、これは厳然たる事実なのだ。

いま現在、医療行為を受けている人の九割は、本来、治療など受ける必要のない「健康な人」という事実をご存じだろうか？

九割のうち、七割がたんなる「老化現象」に病名をつけられ患者にされている。残り二割は、健康診断などでメタボやら成人病予備軍やらと決めつけられて、通院や治療を余儀なくされている中高年。治療を必要とする純粋な患者は、たった一割しかいないのだ。

そもそも病人とは、激しい痛みなどで日常生活が送れない状況をいう。逆にいえば、多少あれこれ支障があろうとも、日常生活が送れる状態は「健康」なのだ。

ところが、昨今の医療制度における「健康」の基準は違う。二〇代や三〇代、心身ともにもっとも充実していた時期を基準に、健康かどうかを判断しているのだ。

四〇代、五〇代ともなれば、体力も衰え、何かしら心身のトラブルを抱えているものだ。六〇歳をすぎれば老化現象だって起こる。二〇代を基準にすれば、全身「病気」だらけになるのは当たり前だ。病院で診察を受ければ、一〇〇人が一〇〇人、間違いなく「病人」に認定されるだろう（そのために高額な検査機器がそろっている）。

たんなる老化を「病気」にするシステムについて、ひとつ例をあげよう。

ある程度の年齢になれば、誰もが高血圧になる。これも老化現象にすぎない。

年をとると血管が硬くなる。先ほど説明したように、年をとると細胞の数が減るので、硬化することで血管を守ろうとするのだ。硬くなった血管で全身に血液をきちんと送るには、いままで以上の圧が必要となる。それが高血圧という現象なのである。

たしかに高血圧だと、血管が破裂する脳溢血《のういっけつ》のリスクが高まる。だから医師は「患者さんのことを思って」降圧剤を処方する。これがてきめんに効く。服用すれば確実に血圧が下がる。

では、それで「健康」になるかといえば、さにあらずだ。

全身に血液をきちんと送るために血圧を上げていたのに、それを下げてしまえば、全身に血液がじゅうぶん行き渡らなくなる。

結果、何が起こるか。

めまい程度ならいいが、まず、すべての内臓の調子が悪くなる。血のめぐりが悪くなるのだから当然だろう。とくに、酸素とエネルギーの二割を消費する脳へのダメージは深刻で、アルツハイマー病や認知症のおもな原因が、この降圧剤と考えられているのだ。

また血管の硬化の原因のひとつに、コレステロールがある。血管の内壁に脂肪がつくことで、血管が硬くなる。こちらもコレステロール抑制剤を服用すると、血管はもとどおり柔らかくなる。

しかし、そもそもコレステロールがついていたのは、老化で薄くなった血管の内壁を守るためなのだ。その「防壁」を、薬物で根こそぎとってしまえば血管が切れやすくなる。硬化による破裂のリスクは軽減するが、今度は「薄さ」による破裂のリスクが高まる。

そうなると、ますます降圧剤の服用が不可欠となり、ちょっとでも服用を怠れば、もとの高血圧になる。何もしない状態より、格段に脳溢血のリスクが高くなるという、本末転倒な状況におちいる。

ようするに、「脳溢血の予防」を目的とした治療行為の果てに、脳溢血で死ぬはめになる。何もしないほうが、はるかに健康なままでいられるのだ。

健康な人を病人にする「人殺し医療」

もうひとつ、わかりやすい事例を紹介しておきたい。

四〇代をすぎれば、たいていの人に老眼が表れる。老眼は典型的な老化現象のひとつで、ピントを調整する目の筋肉が衰えることで生じる。一万円も出せば老眼鏡が手に入るので、ふつうはそれで終わる話だ。

だが、昨今の医療業界では、この老眼も「病気」と認定されるようになった。

視力矯正のレーシック手術に始まり、最近では「老眼を抑える目薬」まで開発。NHKの人気健康番組『ためしてガッテン』では、「老眼は治る！」「八割が改善した！」と、開発されたばかりの医薬品を大々的に紹介していたという。

老眼がおさまれば、けっこうなことに思える。

だが老眼は、眼球の筋肉の衰え、ようするに老化が原因なのだ。老眼が出れば、目が疲れやすくなるので目を酷使しなくなる。そうしてバランスをとっているのに、目を若いとき同様に使うことができれば、いくつになっても目を酷使するようになる。

すると、老眼鏡を使っていれば八〇代になってもじゅうぶん見えていた目が、早い段階で深刻な悪化を迎えることになる。最悪の場合、失明に近い状態にもなりかねないのだ。目に障害が出れば、それが原因でケガをするリスクも高まる。老眼鏡をかける手間を惜しんだ結果、一生、病院通いをするはめになってしまうのだ。

理解してもらえただろうか。これがビッグファーマの仕掛けてきた「銭《ぜに》もうけ」のからくりなのである。

二〇代、三〇代を「健康」の基準にすることで、四〇代以降の人をすべて「病人」に認定する。医師たちは強力な薬物を投与し、手術などの治療を行なう。毒を飲ませ、刃物で身体を切り刻むのだ。それをくり返していれば、いずれどこかで正真正銘の「病人」となる。まさに、日常生活が送れない状態になってしまうのだ。

そうなれば、あとは彼らのなすがまま。死ぬまで医療費をむしりとられる。

だからこそ、製薬会社と病院を中心とした医療ビジネスは、ものすごくもうかる。老化という自然現象で金を生み出す、錬金術なのだから……。

こうして医者は金もうけをしている!

そもそも私たちは「医療」について大きな勘違いをしている。

なぜ、病気になって「治療」を受けると、お金を払わなければならないのか？

そう問いかけると、たいていの人はきょとんとする。薬だって開発費、製造費がかかってい る。検査機器、医療従事者、病院だって経費がかかる。それをタダで治療しろというのは、さすがに無茶な話だろうと。

そうして私たちはだまされてきたのだ。

よく考えてほしい。そもそも病院は「病人」がいなければ経営が成り立たない。みんなが健康で元気になれば潰れてしまうのだ。

そんな医療業界が、はたして人々を健康にしよう、病気を根絶しようと考えるだろうか。むしろ、できるだけ多くの人を病気にすること、そして病気をできるだけ長引かせることを考えるのではないか。だからこそ、本来、健康な人を「病人」に仕立てるようなことがまかり通るのだ。

健康な人を「病人」に仕立て、効率よく金を奪うには、「医薬品」が必要になる。

医薬品の多くは、もともと生薬《しょうやく》、つまり薬草が原材料になっている。その薬草でもっとも効果的なのは、いわゆる「ドラッグ」――法律で禁じられている大麻、ケシ（アヘンの原料）、コカ（コカインの原料）だ。実際、効果の高い医薬品の三割は、ケシ由来のアルカロイド（植物性タンパク質）がふくまれているという。

大麻やケシは、もともと雑草だ。種さえまけば、荒れ地でも勝手に生えてくる。それを煎じて飲めば、たいていの病気に効果がある。

だからこそビッグファーマは、これらを「ドラッグ」として法的に禁じた。そして薬効成分を特定し、化学合成して「医薬品」として売りつけるようになった。

それだけではない。連中は薬効成分の化学式のパテントを押さえるという暴挙に出たのだ。人々が薬草や生薬として使おうとすると、特許侵害だとして訴える。もちろん栽培も禁じられる。それまで簡単に入手できた「薬」を使えなくする一方、同じ薬効の医薬品を人々に売りつけているのだ。

まったくひどい話だろう。

すべては「病気を治療することで金を稼ぐ」という、医療業界のビジネスモデルが問題なのだ。解決のためには、「治療」にお金を払う仕組み、そのものを変えなければならないことがわかるだろう。つまり、病気になったらお金を払うのではなく、健康ならばお金を払うという仕組みにする。それだけで、いまの医療問題はたちまち解決する。

病気になったらお金を払うという仕組みは、ビッグファーマがでっち上げた「詐欺」なのだ。

ＳＴＡＰ細胞で「不老不死」が現実に

ふたたびＳＴＡＰ細胞に話を戻そう。

ＳＴＡＰ細胞は、この一〇〇年、医療業界が築き上げてきた「老化ビジネス」を根本からくつがえす可能性を持っている。

なぜならその「老化」を治すのが、ＳＴＡＰ細胞最大の「薬効」だからである。

ＳＴＡＰ細胞は、切断された腕を再生医療で生やすという程度のものではない。ＳＴＡＰ細胞がもたらす「夢の技術」とは、「老化の治療」なのだ。

先ほどから述べてきたように老化とは、体細胞が分裂する際、ある一定の割合で起こる複製エラーで細胞数が減る現象をいう。三〇代のとき六〇兆個あった細胞は、八〇代を超えるころには四〇兆個近くまで減る。当然、あらゆる機能が低下し、健康に支障をきたす。

さて、ＳＴＡＰ細胞は「万能細胞」なので、活動を休止している幹細胞を復活させることができる。つまり、二〇兆個減った細胞を、ＳＴＡＰ細胞でもとの六〇兆個まで戻すことが可能なのだ。

よぼよぼの八〇代のおじいさん、おばあさんが、二〇代、三〇代の「若さ」を復活させることができるのだ。

たとえ胃ガンになって胃を全摘したとしても、ＳＴＡＰ細胞で胃を再建すれば、新品の胃にとり換えることができる。脳細胞が減って認知症になりかけても、脳内にＳＴＡＰ細胞を注射してやれば、脳細胞がもとの数に戻って症状は治まる。

もしＳＴＡＰ細胞が完全に実用化されたら、年に数回、〝ＳＴＡＰ注射〟を打つだけで、ほぼ永遠に「若さ」を維持できることになる。

そうなった場合、寿命はどうなるのか？

その気になれば、何百歳、いや、何千歳まで生きることも可能となるかもしれない。細胞がダメになれば、どんどん入れ替えればいいのだから。

これが、ＳＴＡＰ細胞に秘められた「未来」なのだ。

本当にすばらしいではないか。

ｉＰＳ細胞やＥＳ細胞でも、似たようなことはできなくはない。しかしｉＰＳ細胞の場合、その性質上、完全にガン化のリスクをとり除くことはできない。長期になればなるほど、どうしてもガン化のリスクは高まる。

ｉＰＳ細胞をもちいた再生医療では、老化の消滅という「未来」は実現しない。ＳＴＡＰ細胞が実用化されるまでの「つなぎ」の技術なのだ。どんなに研究が進んだとしても、ｉＰＳ細胞で治療すれば、定期検診の回数は激増せざるをえないし、ガン患者という、医療ビジネスにとっての「金の卵を産むガチョウ」を増やすのは間違いない。また、寿命が劇的に延びることもないだろう。

だからこそ、といっていい。iPS細胞は、ビッグファーマから「にらまれなかった」。むしろ、これからの再生医療の本丸はiPS細胞――それがビッグファーマの望みなのだ。

ゆえに、山中伸弥教授にノーベル賞を与えて世界的に絶賛し、STAP細胞潰しにひと役買わせた。もちろん、山中教授に責任はない。彼もまた、利用された一人なのだから。

「闇の支配者」は胎児を食べている？

ES細胞についてもきな臭い噂は絶えない。

私は長年「闇の支配者」という、各国政府や巨大企業を裏から支配している勢力を取材してきた。その際、少なくない数の関係者から、「闇の支配者」と呼ばれる連中の怪しげな行為を教わった。

その代表的なものが「胎児を食べる」「子どもの血液を全身に浴びる」といった、信じがたい残虐行為だ。人を人とも思わぬ彼らのこと、こうした猟奇的な行為を実際にやっているのだろう。ただ、別の見方をすれば、ES細胞による若返り治療をしているという比喩《ひゆ》もふくまれているのではないか。

拙著『ナチスの亡霊』（KKベストセラーズ）で紹介したが、「闇の支配者」の牙城であるビッグファーマは、二〇一〇年ごろから積極的に「ミシプロトール」という胃薬を「人工流産薬」として世界に広めてきた。この薬は、どこの病院でもふつうに処方される胃薬で、値段もおよそ八〇〇円と安い。この薬を妊娠中に服用すると子宮が激しいけいれんを起こし、胎児を流産する。

望まぬ妊娠もあるから、一概に否定はしない。しかし、はたして「望まぬ妊娠」だけが目的なのか、という疑問も湧いてくる。

たとえば妊娠の初期段階で、この人工流産薬を服用したとする。すると、器具で胎児を掻《か》き出す堕胎手術に比べて、胎児の傷みが少ない。胚性幹細胞（ES細胞）は難しくとも、各種臓器に分化中の幹細胞を確実にとり出せるのだ。それら各種幹細胞を使えば、いろいろな「再生医療」が可能になる。

倫理上の問題で普及には至らなかったものの、ES細胞はすでに一九六〇年代に完成している。ある意味、「枯れた技術」と思われていた。ところが、国家権力すら支配できる特権階級の連中にしてみれば、自分たちだけで独占できる医療になりうる。

誰もが幸せになれる未来の技術、ＳＴＡＰ細胞は、小保方晴子をスケープゴートにして徹底的に潰す。そして一般向けには、ｉＰＳ細胞による再生医療を推し進め、「ガン化のリスク」を高めることで既存の医療体制を維持する。

そして、「闇の支配者」だけの特権として、ＥＳ細胞を使った再生医療を独占する……。

ノーベル賞は〝彼ら〟の支配ツール

この陰謀を実現するために、かなり早い段階で「罠《わな》」が仕掛けられていたのは間違いない。なぜなら『ネイチャー』や『サイエンス』といった欧米の名門科学誌は、闇の支配者が「夢の技術」を牛耳《ぎゅうじ》るための、かっこうのツールとなってきたからだ。

実際、これら科学誌の査読を担当しているのは、一〇〇名足らずの委員からなる「アカデミー」だ。アカデミーは世間から隠され、完全なブラックボックスになっている。世間から隠しているのは、巨大企業や権力者からの影響を排除し、信頼性を担保するためだと彼らは説明するが、逆にいえば「アカデミー」そのものを押さえてしまえば、世界中の重要な研究はすべて管理できるということだ。

くり返すが、この二〇年来、科学誌への論文掲載は、研究者たちにとって「研究者生命」を左右する重大事となった。彼らは、そのようにシステムをつくり変えてきたのだ。

当然、科学誌が諸手をあげてほめたたえる論文は、闇の支配者、とりわけビッグファーマにとって都合のいい論文であり、彼らの支配体制をより強固にするような研究だ。逆に都合の悪い研究は、嫌がらせのようにリジェクトをくり返し、潰してしまう。

同じような意味で、ノーベル賞も支配者のツールになっている可能性が高い。

ポイントは、ノーベル賞の推薦委員のシステムにある。

彼らは世界中の研究機関で発表された論文を、くまなくチェックするネットワークを構築している。文字どおり水も漏らさず、あらゆる研究成果を「研究」している。おそらくかなり早い段階で、STAP細胞の存在はその網に引っかかっていた。だからこそ、数年ほど前倒しする形で、二〇一二年、急きょ山中教授の受賞を決めた——そう推察できるのだ。

いずれにせよ、ノーベル賞の推薦委員のネットワーク、名門科学雑誌、この二つを押さえておけば、たいていの「画期的な未来技術」はすべて把握できる。その研究が自分たちに都合がよいか、都合が悪いか、あとはじっくりと判断すればいい。

都合が悪いと判断されれば、今回のSTAP細胞のように、罠を仕掛けて徹底的に潰して「封印」する。そのために、当の研究者を「詐欺師」に仕立てる。そして、研究成果に「ニセ科学」、英語でいえば「ブードゥー・サイエンス」というレッテルを貼り、そんなものはなかったとしてしまうのだ。

これが典型的な奴らの手口だ。

それでもなお、ＳＴＡＰ細胞がもたらす「未来」を信じて研究する科学者もいるだろうし、先駆的な研究成果をあげた小保方晴子も決してあきらめていないだろう。

では、彼ら彼女らに待っている「未来」は、はたしてどんなものなのか？

それが次章のテーマ。

小保方晴子とＳＴＡＰ細胞同様、「ニセ科学」「ブードゥー・サイエンス」として科学史から葬り去られた「常温核融合」について明らかにしていこう。

第2章

「常温核融合」が潰された真の理由

一瞬で闇に葬られた「夢の二一世紀」

全世界の人々が「夢の二一世紀」の到来を実感した瞬間だった。

そう、「常温核融合」技術のことである。

一九八九年三月、英サウサンプトン大学のマーティン・フライシュマン教授と、米ユタ大学のスタンレー・ポンズ教授は、世界に向けて大々的に「常温核融合」の原理を発表。世界中が狂喜乱舞し、アポロの月面着陸さながらにメディア報道が過熱した。

そこまで盛り上がったのには理由があった。

戦後は「核の時代」でもあった。第二次世界大戦末期の一九四五年八月、二発の原子爆弾が広島と長崎に投下されて以降、西側諸国（資本主義経済）と東側諸国（社会主義経済）は一気に核開発競争へとのめりこみ、人類を滅亡させる「核戦争」の勃発は一九八〇年代まで絵空事ではなかった。

一九七〇年代前半には、オイルショックの影響で、日本、ヨーロッパなど先進国で、原子力発電所の建設ラッシュが起こった。ところが、一九七九年の米国スリーマイル島原発におけるメルトダウン（炉心溶融）事故をはじめ、各地で放射能漏れなどの事故が多発。そのあげく、一九八六年四月には、旧ソ連（ソビエト社会主義共和国連邦）でチェルノブイリ原発事故が発生。ヨーロッパ全土のみならず、世界規模で放射能汚染が広がってしまった。汚染される食品、ガンをはじめとする病気の多発——人類は文字どおり、「核の恐怖」に怯《おび》えおののいていた。

常温核融合は、まさにそんな時期に発表された。

この常温核融合が登場するまで、核融合とは「人類を滅亡させる悪魔の技術」の別名だった。人類が手にした、唯一の核融合技術は「水素爆弾」。原子爆弾が「核分裂型熱核兵器」であるのに対し、水素爆弾は「核融合型熱核兵器」。そんな技術など、誰も望んでいなかった。

核融合をもっともわかりやすく理解するには、太陽を例にするのが一番だろう。

太陽はばく大なエネルギーを放出しているが、そのエネルギー源こそ、太陽の中心部で起こっている核融合反応だ。太陽は超巨大な水素のかたまりだが、その水素を「融合」することでヘリウムをつくり出している。その際に、ばく大なエネルギーが生まれる。

これが太陽のメカニズムで、太陽をはじめとする恒星（みずから光を発するガス体の天体）はすべて、自然界における核融合装置なのだ。

このように、核融合を行なうには、最初に外部からばく大なエネルギーが必要となる。水素爆弾は原子爆弾の核分裂エネルギーを利用する。複数の原爆を同時に爆発させて、その中心部分で、いわば「人工の太陽」をつくり、水素を核融合させているわけだ。

核融合エネルギーは、核分裂エネルギーよりはるかに大きい。だから水爆の威力は、原爆の何十倍、何百倍にも達する。

この核融合エネルギーを発電に活かすことはできないか――一九八〇年代に入ってから、こんな構想が生まれた。ところが、数億度という高温を、高密度の状態で保つ容器（核融合炉）の技術的メドが立っていなかった。原発より何十倍、何百倍という大きさの核融合エネルギーを、きちんと制御できるのか……。チェルノブイリ事故のあとだけに、誰だって不安に思う。

しかし常温核融合は違った。「常温」とつくように、ばく大なエネルギーをいっさい必要としない。それどころか、学校の理科室で実験できる程度の設備で可能とさえいうのだ。この発表を知った世界中の人々は、誰もが「夢の技術が実現した！」と思った。夢の二一世紀がついに到来する――そう信じたのだ。

世界を席巻した「常温核融合」とは

マーティン・フライシュマン教授と、スタンレー・ポンズ教授が発表した「常温核融合」は、重水（水の原子に中性子が加わった特殊な水）を満たしたガラスの試験管に、パラジウムとプラチナの電極を入れて電流を流すと、電解熱以上の発熱が起こるというもの。その「過剰熱」は、電極の金属と重水の分子が核融合したエネルギーであり、その証拠に中性子とガンマ線が検出された、というものだった。

水爆や太陽のように、ものすごいエネルギーをとり出せるわけではない。しかしそのぶん安全で、システムも簡易。従来の核融合とはまったく違い、科学の常識からかけ離れている。それだけに眉唾ものだと、疑いの目を向けたくなるだろう。

ところが、すぐさま「常温核融合」は科学的に正しいというお墨つきがついた。科学誌の最高峰である『ネイチャー』が、常温核融合の論文を掲載したからである。

ただし、このとき掲載された論文は、フライシュマン、ポンズ両教授のものではなく、ユタ州ブリガムヤング大学のスティーブン・ジョーンズ教授の論文だった。フライシュマン、ポンズ両教授に遅れること一か月、同年四月の『ネイチャー』に、ほぼ同様の実験で「中性子」を検出したとの論文が掲載されたのだ。

当初のフィーバーが落ち着き、一部では疑問視する声がささやかれ出した、まさにそのタイミングで『ネイチャー』が常温核融合を認めたのだ。大騒ぎにならないはずはない。ジョーンズ教授は、「ミューオン触媒核融合」の第一人者だった。

この専門用語を知っている人は、相当のSFファンだろう。映画でも有名な、アーサー・

C・クラーク『二〇〇一年宇宙の旅』に登場する宇宙船のエンジンが、この「ミューオン触媒核融合」なのだ。

ミューオンは、ニュートリノなどと同じ素粒子の一種で、大気中を飛び交っている。そして、このミューオンが原子と接すると、なぜか「触媒」のような働きをして、ごくわずかなエネルギーで核融合する。ごくまれではあるが、偶発的に起こる自然界の核融合現象で、現象じたいは科学的に証明されている。

その第一人者が「パラジウム型常温核融合」研究に乗り出した。

ミューオンが核融合の「触媒」として働くように、パラジウム電極にも同様な働きをする「何か」が存在している。『ネイチャー』が、その「何か」を科学的に認めたとなれば、世界規模で「常温核融合」開発競争が始まる。

発表当時は、わずかな過剰熱が出たにすぎなかった。当然、次のターゲットは実用に耐えうる過剰熱を生み出す「組み合わせ」となる。パラジウムと重水以外にも、いろいろな可能性があるはずで、とにかく試行錯誤、トライ・アンド・エラーをくり返しながら絞りこんでいく流れになる――はずだった。

ところが、そうはならなかった。

「常温核融合はニセ科学だ！」

猛烈なバッシングが始まったからである。

常温核融合はなぜ「ニセ科学」になったのか

まず噴出したのが、醜く浅ましい「金絡み」のスキャンダルだった。

「いったい、どちらが先に発見したのか？」

フライシュマン、ポンズ両教授と、ジョーンズ教授の間で、たちまち激しい論争が起こった。その背景にあったのが特許の問題である。

多くの先進国では、最初に特許を申請した人が、特許権を得られるというルールを採用している。ところが米国では、二〇一三年に法律が改正されるまで、先進国で唯一「先発明《せんはつめい》」を採用していた。特許を申請していなくても、日時を特定できる論文があれば、他者が取得している特許をあとから奪うことができるのだ。

そこで問題となるのが、ジョーンズ教授の論文が『ネイチャー』で正式に受諾された日時と、フライシュマン、ポンズ両教授が論文を発表した日時だ。これがほぼ一緒だった。激しい特許紛争になるのは間違いなかった。

というより、ポンズ教授の所属するユタ大学が『ネイチャー』掲載の情報をつかみ、同じ州のブリガムヤング大学への対抗心もあって、慌てて発表に踏み切らせたらしいのだ。その過程で両陣営は「スパイをした」「された」という泥仕合を展開。世紀の発見をめぐる醜い先陣争いをメディアも面白おかしくとり上げ、せっかくのブームに水をさした。

そこに、同業者からの猛烈なバッシングが加わった。世界中の研究機関が追試を行なったところ、「過剰熱」どころか、核融合の証拠である中性子などの放射線すら測定できなかったという報告が相次いだのだ。

だめ押しとなったのが、ユタ大学の経営難の発覚だ。破たん寸前のところで、常温核融合でばく大な予算を獲得したということがわかったのだ。あまりのタイミングのよさに、最初からでっち上げだったのかではないかとの疑惑が高まる。

そこにきて、ジョーンズ教授が満を持して行なった再実験も失敗に終わる。二〇〇二年、ニュートリノ研究でノーベル賞を受賞した、「素粒子検出」で世界最高の設備を誇る日本のカミオカンデで行なわれた実験だ。

この結果を受け、『ネイチャー』『サイエンス』の両科学誌が、「今後、常温核融合に関する論文は掲載しない」と発表する。

以降の流れは、ご想像のとおりだ。常温核融合は「ニセ科学」というレッテルを貼られ、とりわけフライシュマン、ポンズ両教授は「でっち上げた常温核融合で、ばく大な国家予算をだましとった詐欺師」と、ブードゥー・サイエンティスト（ニセ科学者）呼ばわりされて大学を追われた。

常温核融合と「九・一一」の不思議な因縁

もう一方の当事者であるジョーンズ教授も、この騒動で核融合研究の最前線から外れた。

その後、ジョーンズ教授の名前は、意外な場面で耳にすることになる。

二〇〇一年に発生した、九・一一（米国同時多発テロ事件）は、ハイジャックによる飛行機の衝突ではなく、「爆弾による制御解体だった」と科学的な立場から証言したのだ。

ジョーンズ教授はビル地下の溶けた金属を調べ、瞬間的に鋼鉄を切断する際に使われる「テルミット」のような、高熱を発する爆発物の痕跡を発見した。そして、九・一一が自作自演のテロだという可能性を真っ先に指摘したのだ。

どんなに「ありえない」と思ったとしても、科学的に究明して「答え」を導き出す。それをきちんと行なうことのできる立派な科学者が、ブードゥー・サイエンティストであろうはずはない。彼もまた、「はめられた」一人であったのだ。

いずれにせよ、常温核融合は、すべての人に希望を与える「夢の技術」だった。この技術が確立する二一世紀、人類は「核の恐怖」に怯えなくてすむ。それどころか、安全で安価、しかも無尽蔵に使える「フリーエネルギー」を手にすることができる。常温核融合がもたらす恩恵は、計り知れないだろう……。

子どものころ夢見ていた、SF小説で描かれていた「未来」が、ついに実現するのだ。そんな期待と希望を世界中に与えた。

だからこそ人々は落胆した。落胆ではすまない。夢を抱き、期待したぶん、常温核融合と、それを研究する科学者を激しく憎んだ。「常温核融合」という言葉を聞いた瞬間、「ニセ科学」と吐き捨ててしまうぐらい嫌悪するようになった。

いまでも、一般向けの科学入門書では、常温核融合は稀代の詐欺師たちの仕掛けた「ニセ科学」として扱われている。

常温核融合の顛末《てんまつ》は、第1章で

写真上：フライシュマン博士（右）とポンズ博士（左）
写真下：ジョーンズ博士

とり上げたＳＴＡＰ細胞とまったく同じ構図なのだ。ＳＴＡＰ細胞を封印したように、常温核融合もまた封印された。この強引な「封印劇」こそ、ある意味、常温核融合が正しかった何よりの証拠であろう。この夢の技術を絶対に封印しなくてはならない「勢力」が存在していたことになる。

小保方晴子とＳＴＡＰ細胞が踏んだ「尾」は、巨大製薬会社を中心とするビッグファーマだった。

では、常温核融合が踏んだ「尾」の正体はなんなのか？

黒幕はエネルギー産業だけではない

エネルギー技術の分野では、石油メジャーを中心としたエネルギー産業が暗躍する。

前著『闇の支配者に握り潰された世界を救う技術』（イースト・プレス）では、フリーエネルギーを開発したニコラ・テスラが、エネルギー産業によって潰されていった経緯を紹介した。

しかし今回は、エネルギー産業だけが黒幕ではないだろう。

エネルギー産業とは別の、もうひとつの虎の尾の正体、それは騒動後の動きから自然と浮かび上がってくる。

常温核融合が「ブードゥー・サイエンス」になったあと、急ピッチで進んだのが「トカマク型核融合炉」の開発なのだ。

トカマク型核融合炉は、私たちがイメージする核融合発電そのものといっていい。巨大な施設に膨大な予算。惜しみなく投入される最新技術、世界中から募った第一級の科学者、研究者、そして名を連ねる世界的な重化学企業の数々。

実際、実用レベルの一〇〇万キロワットの出力を目指すトカマク型核融合炉「ITER《イーター》」は、二〇〇億ユーロ、当時の通貨レートで日本円にして四兆円規模の巨大予算を各国から集め、一九九六年、正式に開発がスタートした。二〇二七年の稼働を目指して、ばく大なリソースが注ぎこまれている。

ここで知っておいてほしいのは、ITERの真の目的が、決して「発電」ではないことだ。「人工の太陽をつくる」という、二一世紀の夢をお題目にした予算獲得の方便であり、その目的は別にあるのだ。

ITERの場合、目標発電量は一〇〇万キロワット、この数字は一般的な原発と同規模。それだけのエネルギーを核融合で発電するとなると、原子炉とは比較にならないほど「炉心」が被爆する。放出される中性子線量が尋常ではないのだ。計算上は、原発の一〇〇倍以上になるといわれている。

そのため発電用核融合炉をつくるには、プラズマを閉じこめるための超伝導コイルやら、そのプラズマを加熱するための加速器、保守のための遠隔操作ロボット、さらには炉心として耐えうる新しい素材といった、数々の技術を並行して開発する必要がある。直接的な建設予算(四兆円)とは別に、関連研究のプロジェクトがいくつも同時進行しているのだ。むしろ本命は後者であって、発電じたいは「おまけ」みたいなものだ。

常温核融合を潰した勢力は、これらの技術を研究してきた科学者たちだろう。あらゆる研究機関で常温核融合がメインとなれば、彼らは職を失ってしまう。巨大な実験設備や、特殊な専用機材を必要とする実験物理学系の科学者にとって、常温核融合は邪魔な存在だったのだ。

そんな彼らを裏からそそのかしたのは誰なのか?

その謎を解くのは難しくない。

原子炉の一〇〇倍の放射線量に耐える素材など何に必要なのか、と考えればいい。

民間では、まず必要としない。ITERと、その関連プロジェクトで何兆円もの予算をかけて開発される先端技術のほとんどは、民生品としては役に立たないのだ。いずれ使われる日もくるかもしれないが、あまりにもオーバースペックすぎてコストが合わない。

しかし、コスト度外視でもほしがる業界がある。

米軍を筆頭とした先進国の軍隊、そして兵器を製造する軍需産業である。

ＩＴＥＲの炉心素材は、核ミサイル攻撃や核戦争を想定する軍にとって、まさに垂涎《すいぜん》の的。というより、ＩＴＥＲで開発されようとしている最新技術は、次世代の兵器に利用できるものばかりだ。未来のエネルギー技術といいながら、じつは「隠れ軍事予算」であり、新兵器開発の実験場なのだ。

その意味でＩＴＥＲに参加する研究者の多くは、軍需産業や、軍需産業の母体となっている巨大重化学企業の研究所、軍の研究所などに所属しているか、所属した経験を持っている。

いまのところ無関係と思われる大学の研究者も、例外ではない。なぜならこうした組織は、彼らにとって将来、有力な再就職先になりうるからだ。巨額の予算を必要とし、民間では必要とされないオーバースペックな技術開発を専門とする彼らを満足させる研究は、軍事分野にしか存在しない。

どこまでも深い軍需産業の闇

常温核融合をめぐる陰謀劇が、だんだん見えてきただろう。

ＳＴＡＰ細胞のときと同様、最初はこれでもかともてはやす。そのツールとなるのが『サイエンス』や『ネイチャー』といった科学誌と、大手メディアだ。そうして世界中で話題になった頃合いを見計らって、仕込んでおいた「スキャンダル」を次々と噴出させる。

この仕込みにおけるポイントは、まだ発表できる段階ではない時点で、無理やり論文を発表させることだ。

確実に何かが起こっているが、どうして起こるのかはわからない状況を、科学の世界では「プロト・サイエンス」という。STAP細胞にせよ、常温核融合にせよ、この「プロト・サイエンス」の段階で発表せざるをえない状況に追いこまれた。

実際、スタンレー・ポンズ教授は、米国のテレビ番組『60ミニッツ』（CBS）のインタビューで、「常温核融合という用語は、大学側が勝手につけた名称」と証言。当初は「こんな不思議な現象があった。おそらく何かが起こっている可能性が高い」というレベルにとどまる内容だったという。

ポンズ教授が当初、予定していた論文ならば、「ニセ科学」「ブードゥー・サイエンス」と批判されることはなかったはずだ。明らかに誰かがミスリードし、常温核融合をおとしいれようとしていたことがうかがえる。

人目に触れることのない、地味な研究成果ならば放っておけばよかったはず。では、なぜ軍需産業はそこまで陰謀をめぐらし、常温核融合を潰したのか？

理由ははっきりしている。

この発見は軍事的にとても価値がある――そう考えていたからだろう。ある意味、この発見をもっとも高く評価していたのは軍需産業だったのだ。

その「価値」とは、軍事用語でいう「ＡＩＰ機関」、ようするに空気を使わない動力源（非大気依存推進）にある。たとえば、空気のない深海、宇宙空間、あるいは化学兵器による攻撃を受けたときなど、活躍の舞台はいくらでもある。原子力発電も代表的なＡＩＰ機関のひとつで、実際に原子力潜水艦に利用されている。

ポンズ教授らが発見した常温核融合の技術は、残念ながら再現性が低く、科学的な証明も難しかった。結果「やっぱりウソじゃないか」と、バッシングを受けるはめになった。

しかし、軍事目的となれば話は変わる。科学的な証明や理屈は、ある意味どうでもいいからだ。ようするに、エネルギーを安定してとり出す技術さえ確立できればいい。そしてその技術は、ある程度の予算を組んで、一流の研究者を集めれば確立できると、彼らは考えていた。

実際、常温核融合が「ニセ科学」となったあとも、地道に研究を続けてきた日本人科学者がいる。荒田吉明《あらたよしあき》大阪大学名誉教授だ。荒田名誉教授の本職は、レーザーを使った核融合。常温核融合が潰された経緯を知っていたのだろう、大学を定年退職してから常温核融合研究に乗り出し、実用に近い技術を開発した（『日経産業新聞』二〇〇八年五月二三日）。

このように、一流の研究者が本気を出せば、もともと可能な技術だったのだ。ポンズ教授の研究成果が世間的に話題にならずとも、荒田名誉教授のようにその価値に気づく研究者は必ず出てくる。その前に、常温核融合技術を自分たちの手に「確保」する。そのために陰謀が張りめぐらされたのである。

軍にとりこまれていく優秀な研究者たち

浅瀬に集まった魚を捕まえる方法に「追いこみ漁」がある。

満潮時に浅瀬に集まった魚は、干潮になると海に戻ろうとする。そこで網を張っておけば、一網打尽、根こそぎ魚を捕ることができる。

もし自分の研究が「ニセ科学」と批判を浴びるようになれば、研究を続けるどころか職を失いかねない。ところが、野心を持つ有能な人材ほど、それでもあきらめずに研究を続けようとする。

軍はそういった人材を探し出し、好きなだけ研究をさせるという条件で、軍関連の研究所にスカウトするのだ。

研究成果は「軍事機密」の名のもと、大々的に発表できなくなるが、少なくとも自由な研究と豊かな生活は保証される。まっとうな組織で研究できない以上、ほかに選択肢はない。首を縦に振るしかないのだ。

事実、大学から石もて追われたマーティン・フライシュマンとスタンレー・ポンズは、あのトヨタに誘われて、一時期、子会社の「テクノバ」で常温核融合の研究を続けていた。次章で紹介するが、トヨタは核融合の分野で世界一の技術を持つ企業だ。

フライシュマンは、その後、米国海軍の研究所に転籍。イスラエル、イタリアの軍事研究所と共同で研究を続け、ついには「再現性六〇パーセント、平均二〇ワットの熱出力を、一七時間連続出力」する熱機関を発表した。

しかし、それを素直に信じる人は少ない。なぜなら常温核融合の開発は、世界最高の軍事研究所である米国の「DARPA」（国防高等研究計画局）に移っているからだ。表に出ているだけでも、三年間でおよそ三四〇万ドルの予算が計上され、研究が進められている。

DARPAが本格的に開発をしている以上、すでに実用レベルにまで達しているのではないか、と考えられているのだ。

いま現在、常温核融合を研究する優秀な研究者の大半は、DARPAをはじめ、軍需産業を中心とした研究所に集まっているといわれている。

重要なのは、こうして開発された技術は、基本的に公開されることはないという点だ。軍事機密として、徹底的に隠ぺいされてしまう。くり返すが、常温核融合を使った熱機関が実用段階に入っていようとも、民間で利用することはできないのだ。

利用できないどころの話ではない。間違いなく「特許」もがちがちに固められている。先にも述べたが、米国は二〇一三年まで「先発明主義」を採用してきた。論文を、一般の科学者が入手しにくい軍専門の科学誌にでも掲載しておけば、いっさい公開しないまま技術を独占できるシステムだったのだ。

先願制に変更された現在でも、特定の軍事情報にかぎっては「公開の義務」がない。たとえ民間企業が開発に成功したところで、ばく大な特許料を吹っかけられて、表沙汰になる前に潰されてしまうことになる。

常温核融合という「夢の技術」は、すでに軍事機密というブラックボックスで完全に封じこめられている。この事実を、私たちは知らなくてはいけない。

特定秘密保護法の「真の狙い」とは

どれほど「軍事機密」というブラックボックスが強固か、おそらく日本人の多くは、きちんと理解していないだろう。

批判しているわけではない。日本は幸せな状況だった、と指摘しているだけだ。なぜなら、日本はこれまで、軍事機密というブラックボックスが機能していない唯一の先進国だったからだ。

夢の革新技術を「封印」しようとする勢力から見ると、情報が漏れるのはつねに日本からだった。日本の企業、研究機関はすぐれた技術開発力を持っているだけに、次から次へと「夢の革新技術」を開発する。先に紹介したＳＴＡＰ細胞や常温核融合にしても、日本の企業や研究者たちは、その封印をなんとか破ろうと努力し、民間へと還元すべく活動してきた。

しかし、日本もついに「彼ら」に完全にとりこまれたようだ。

覚えている人も多いだろう。

二〇一三年一二月六日、ある法案が可決した。

――「特定秘密保護法」である。

この法案をめぐっては、メディアやジャーナリストが「報道の自由に反する危険な法案」として反対声明を出すなど、大きな話題になった。

だが、報道の自由うんぬんという批判はむしろ、この法案の本質や、その危険性をミスリードしかねない。

この法案の最大の狙いは、優秀な日本企業と、日本の研究者たちの研究成果を、国際的な

「軍事機密」ネットワークにとりこむことだ。安倍晋三内閣が世論の反対を押し切ってこの法案を可決したのは、「兵器の国際共同開発」に道筋をつけるためなのだ。

事実、この法案成立後の二〇一四年一〇月、日本はオーストラリアと「そうりゅう型潜水艦」の共同開発を決定した。総額二兆円が日本側に支払われる巨大軍事プロジェクトである。これが実現したのは、先の法案のおかげだった。

そうりゅう型潜水艦は、三菱重工と川崎重工、それに自衛隊版「DARPA」といえる防衛省の技術研究本部、通称「技研」が協力して開発した。もちろん、そうりゅうのスペック（性能）は自衛隊における最高の軍事機密で、防衛省、企業側にも厳しい情報保護が課せられており、他者に漏らせば「特定秘密保護法」がなくとも逮捕される。国家にせよ、企業にせよ、重要情報の漏えいに関する罪は重い。

では、どうして特定秘密保護法が必要だったのか？

簡単にいえば、情報管理を「政府」に保証させるためなのだ。

オーストラリア海軍がそうりゅう型潜水艦を導入すれば、そのスペックは重要な軍事機密となる。オーストラリアが日本の潜水艦を導入した理由のひとつに、仮想敵国インドネシアへのけん制があった。インドネシア側からすれば、是が非でも「そうりゅう」のスペックを知りたいところだろう。

ここでインドネシア側が日本に好条件を提示して「わが国にも同じ潜水艦を売ってほしい」と頼みこんだとしよう。日本政府が受諾すればオーストラリアは困ったことになる。とくに政権交代などで国家の方針が変われば、手のひらを返さないともかぎらない。

ゆえに、特定秘密保護法が必要だった。インドネシアと友好的な政権と交代しようが、いったん「特定秘密」としておけば、その後の政権も遵守しなければならない。いわば「軍事機密」の保護を政府が保証する制度と思えばいい。

日本はこれまで軍事機密を政府が保証しなかったために、国際間での兵器開発を相手側から拒否されてきた。ところが今後は、各国の軍隊や軍需企業と、共同で兵器を開発できる。それだけでなく、日本の技術や兵器を高く売ることもできるのだ。

兵器の共同開発は、軍事予算の圧縮につながる。自衛隊のみで使う兵器を国産でつくろうとすれば、どうしてもコストが高くなる。値段も高くなるのでほかの国に売れない。日本の自衛隊は、防衛予算の額に比べて軍事力のパフォーマンスが悪かった。共同開発できれば、安くて性能のよい兵器がそろう。税金の無駄使いをなくせるのだ。

それだけではない。国内の軍需産業が有力な輸出産業に育てば、産業の空洞化に歯止めがかかる。軍需産業は国防上の観点から、海外への工場移転はできないからだ。

賃金コストの高い先進国の産業の多くが、コストの安い途上国へと移転しているが、軍需産業だけは国内にとどまる。雇用の確保という面から見ると、軍需産業はとても優秀なのだ。

安倍政権が、法案可決について「何が悪いのか」「いいことずくめだ」と開き直っていたのも間違ってはいなかった。

だからこそ、誰もがだまされた。

奴らの狙いに気づかなかったのだ。

日本の技術力が〝世界トップ〟になれたわけ

戦後日本の高い技術力は、日本の軍需産業が事実上、解体されて、国内企業や研究機関に「軍事機密」がなくなったことが大きかった。

太平洋戦争で、日本は国家予算の大半を軍事費に注ぎこみ、国内の有能な研究者たちをすべて兵器開発に回してきた。戦争によって、国内の研究者たちを世界レベルにまで短期間で育成したようなもので、そんな優秀な人材が、戦後、一転して軍事部門から民間部門へと流れこんだ。

新幹線、自動車、家電、鉄鋼、造船、カメラなどの光学機器……戦後、世界的な輸出企業に成長した日本企業の中心には、戦時中に兵器開発をしていたエンジニア、研究者たちの存在があった。戦前、安かろう悪かろうというレベルだった日本の民間企業が、敗戦を境に、一気に世界トップレベルの開発力、技術力を持つに至ったのはそのためなのだ。

日本と真逆の道をたどったのは、戦勝国である米国であろう。

戦前、米国の民間企業は、世界一の開発力と技術力を誇っていた。兵器など、民間企業が片手間につくっても世界最高レベルのものになったぐらい、レベルは高かった。

というより、第二次世界大戦前まで、米国には一社たりとも軍需企業はなかった。すべて民間企業が軍の依頼を受けて片手間につくるだけで、本業はあくまで民生品だった。ウソのようだが本当の話だ。

それが第二次世界大戦を通じて、米国企業はすべて軍需産業化、その開発力、技術力は軍によって管理されるようになった。技術力そのものは、依然、世界一だったが、それを企業が民生品に活かせなくなったのだ。

その代表的な例が自動車であろう。GM（ゼネラル・モーターズ）がつくる戦車や軍用車は、相変わらず世界一の性能を誇っているのに、同じGMがつくる一般向けの市販車は、じつにお粗末なレベルになってしまった。「機密保持」を盾に、軍が主導して開発した技術を民間部門に使うことを許さないからだ。

自動車にかぎらず、米国の製造業は、軍事部門と民間部門とですさまじい格差が生じている。

戦後になって日本企業が米国企業を出し抜いたのも「軍事機密」の有無にあったわけだ。

米国だけではない。戦前まで革新的な技術を開発してきたヨーロッパの企業も、軍事機密という壁に阻まれ、民間部門では日本企業に太刀打《たちう》ちできなくなっていく。

勘違いしてはならないのは、日本の技術力が世界一になったわけではないことだ。日本企業に負けた欧米の企業は、決して日本に技術的なおくれをとってきたわけでない。技術力のほとんどが軍事部門で管理されて、民間部門がぜい弱になっているだけなのだ。

かつて隆盛を誇っていた英国の自動車産業は、いまやインドや中国の企業に買いたたかれるほど弱くなっている。しかしFIなどのレーシングカーの製造能力では、いまだに世界一を維持している。一〇〇万円の市販車をつくる能力はぼろぼろだが、一〇億円以上する最高レベルの車をつくる能力は、依然、ほかの追随を許してはいない。

事実、日本のトヨタやホンダも、FIマシンの開発拠点を英国に置いていた。これは、レーシングカーの開発で世界トップクラスの技術を持つ、多くの英国メーカーと共同開発するためだった。

英国のロールスロイス社は、VIP用の高級車をつくるメーカーではない。本業は、戦闘機用の高性能ジェットエンジンの開発だ。イタリアも同様で、イタリアには高性能な軍用部品をつくるメーカーが数多く存在する。

大企業と自衛隊の深いつながり

話を整理しよう。

日本は戦後、軍事部門が解体されたことで、民間部門にリソースが集中した。それゆえに「軍事機密」による開発力の低下という問題をまぬがれて、一気に経済大国化した。

再軍備化のあとも、企業と軍の関係は戦前のようにはならなかった。最新鋭の中核兵器は自主開発せず、米国からライセンスをとって製造すればよかったからだ。バカ高いライセンス料は要求されるものの、とにかく世界最高の兵器は金を出せば確実に手に入る。

とはいえ日本には、日本の地形や防衛戦略に即した自衛隊向けの兵器も必要になる。そうした国産兵器を開発、製造する日本の軍需産業は、基本的に民需でもうけている。製造数の少なさから、兵器の値段は割高になるが、防衛予算に合わせて企業側が「勉強」してきた。出血大サービスで、赤字覚悟の大安売りをしてきたのだ。

日本最大の軍需メーカー「三菱重工」でいえば、兵器で赤字を出せば、原発や火力発電といった民需の分野で政府が融通する。そういうバーターで防衛力を維持してきたのだ。

日本企業が欧米のメーカーと共同開発しなかった、あるいは自衛隊が外国メーカーとの共同開発にそこまで乗り気でなかったのは、欧米メーカーが介在すれば当然のビジネスとしてまっとうな金額を要求してくるからだ。日本の特殊事情で、やりたくてもできなかったというのが正しい。

日本企業の兵器開発について、ひとつ事例を紹介しよう。

三菱重工が開発した兵器に「一〇式戦車」がある。この戦車は、世界トップレベルの性能を誇っているが、そのひとつに、照準スコープにデジタルハイビジョンカメラを世界で初めて採用し、遠距離射撃能力が格段にアップしたという特徴がある。

その軍用ハイビジョンカメラを開発したのは、三菱重工と並ぶ日本の軍需メーカー「東芝」の関連会社である池上通信機。この会社の主力商品は放送用機材で、テレビ局が使用するハイビジョンカメラを製造販売している。

防衛省の技術研究本部は池上通信機に「戦車での使用に耐えうるハイビジョンカメラ」の開発を依頼した。こんなとき日本企業は、開発費を上乗せした高額な値段を要求することを、まずしない。契約内容にもよるが、開発した技術を本業の商品に活かすことで相殺することが多いのだ。

池上通信機のケースでいえば、過酷な環境にも耐えうる、頑丈なハイビジョンカメラを発売。なぜか中国やロシアのテレビ局から一〇〇台単位で注文が殺到、軍用に転用された……というのは、昔からよくある話だ。

実際、旧ソ連時代のミサイルには、日本のゲーム機のCPU（中央演算コンピュータ）が組みこまれている。とくにソニーの「プレイステーション」の立体画像処理機能は、すぐにでも軍事目的に転用できるレベルだった。

しかし、これからは違う。たとえば一〇式戦車でいえば、米陸軍が購入したがっているという。そうなれば、池上通信機の開発したハイビジョンカメラは「特定秘密」に指定される。民生品として売ることはできなくなるのだ。

その反面、開発費を上乗せした正規の値段をつけ、米陸軍に相当な数を売ることができるので、池上通信機としてはじゅうぶんもうけが出る。ただ、過酷な環境でも撮影できる高性能ハイビジョンテレビカメラが、この世から消えるだけなのだ。

アベノミクスがもくろむ「軍需産業」の復興

もうひとつ、軍需産業について意見を述べておきたい。

二〇一五年一月現在、アベノミクスは期待はずれに終わり、日本の景気回復は遅れている。

さらに、中国の台頭による国防意識が高まったこともあってか、軍需産業への期待と関心は日増しに強くなっている。

民生品を製造する輸出企業の多くは、新興国からの追い上げを受けているため、円安に振れたからといって、おいそれと国内に回帰できない。そうなると、円安を活かした新たな輸出産業は軍需産業しかないのが実情――というより、アベノミクスの真の狙いは、日本の軍需産業の復興と思って間違いない。

中国が日本の領土に野心を抱いている――そう煽っているうちは、日本の防衛予算は増大する一方だろう。それだけではない。安倍政権は、日本製兵器を世界中に販売しようとまでしている。事実、安倍政権は、途上国へのODA（政府開発援助）を日本製兵器に切り替えていく方針を打ち出している。

防衛力の強化をすべて否定するつもりはない。しかし、いまの安倍政権のやり方はあまりにも性急すぎる。防衛力の強化は、身の丈に合った、国力に応じてやるべきことだ。

国内経済が疲弊し、国力がみるみる落ちているさなかにあって、安倍政権は防衛力だけを上げようとしている。家がガタガタになっているのに、家を修理するのではなく、泥棒が入るからといって高価な防犯装置と警備員を雇っているようなものだ。

国力の充実を優先すべきなのに、なぜ安倍政権は、ここまで軍需産業復興を狙うのか。

その答えとなるのが、国際的な軍事機密ネットワークだ。安倍政権はそこから指令を受け、唯々諾々《いいだくだく》と特定秘密保護法を通した。

特定秘密保護法は、日本企業と日本人研究者、技術者たちが築き上げてきた「技術」を封印するために存在する。日本の民間企業が培ってきた、ありとあらゆる技術と開発能力は、今後、国際的な軍事機密ネットワークによって次々と囲いこまれていくだろう。

そして、奴らが最終的に狙っている「超」のつく大物……。

それが「トヨタ」である。

正確にいえば、トヨタが開発している革新的な未来技術の数々が狙われている。

その真相を次章で紹介していこう。

第3章

日本が誇るトヨタの技術と軍需産業の闇

日本人が知らないトヨタの秘密

トヨタと核融合の関係について調べると、びっくりするほど多くの記事が出てくる。

〈レーザー核融合発電へ第一歩――光産業創成大など、燃料連続投入に成功〉

光産業創成大学院大学光産業創成研究科の北川米喜《きたがわよねよし》教授らの研究グループは五日、トヨタ自動車や浜松ホトニクスと共同で進める核融合発電の実用化に必要なくり返し核融合の研究で、燃料であるターゲットの連続投入に世界で初めて成功したと発表した。直径一ミリメートルの燃料を毎秒一個、一〇〇〇回以上真空容器内に投入。高出力レーザーで核融合反応をくり返し起こした。（『日刊工業新聞』二〇一三年九月六日）

じつはトヨタ、「レーザー核融合」の分野で世界のトップを走っている。そのライバルはDARPAというから驚きだ。

米国は、国際協力プロジェクトだったITERの「トカマク型核融合炉」ではなく、独自にレーザー核融合を推進。核兵器開発の中核を担う、カリフォルニア州のローレンス・リバモア国立研究所で研究をしてきた。このことからも、レーザー核融合の目的が発電でないのは明白だろう。ようするに、「レーザー兵器」の開発が目的なのだ。

ということは、トヨタは世界トップクラスのレーザー兵器開発能力を保持しているともいえる。

また、先述したように、常温核融合を発見したマーティン・フライシュマン、スタンレー・ポンズ両教授は、勤務していた大学を追われたあと、トヨタの子会社「テクノバ」に移り、研究を続けている。

世界中が常温核融合を「ニセ科学」と批判する中、トヨタだけはこの未来技術の可能性を信じ、研究者に手を差しのべてきた。国際常温核融合学会における最高賞には、「トヨタ」の名がつくほどだ。

トヨタは、世界最高水準の核融合技術を持つ、世界で唯一の企業だ。自動車メーカーであるトヨタが核融合にのめりこんだ理由は、たったひとつ。「世界を救う技術」がここにあると信じているからである。

「究極のエコカー」がすでに開発されている

トヨタに関して、興味深いエピソードを紹介したい。

知人の外国人ジャーナリストから、直接、聞いた話だ。

数年前、そのジャーナリストが日本を訪れ、トヨタのハイブリッド車「プリウス」をレンタルして、各地を旅行した。数日間、けっこうな距離を走ったという。

驚いたのは最後の日、レンタカー会社にプリウスを返却しようとガソリンスタンドに寄ったところ、ほとんどガソリンを消費していなかったというのだ。

彼は「すでにトヨタは、ほとんどガソリンを消費しない究極のエンジンの開発に成功していて、こうしてレンタカーにまぎれこませては、極秘にテストをしているのではないか」と、興奮しながら語っていた。

にわかには信じられない話だろう。

だが、トヨタが開発している技術を見れば、あながち「ウソ」とはいい切れない。

プリウスを代表とするハイブリッド車の燃費は、おおよそリッター三〇キロメートルぐらいだ。これを延ばすには、いくつか方法がある、

トヨタが誇るハイブリッドカー「プリウス」
（Rob Wilson / Shutterstock.com）

まず、バッテリーの性能をよくすること。

トヨタが二〇一四年末に発売した第三世代ハイブリッド車は、従来のニッカド型からリチウム型へとバッテリーが変更されている。ニッカド型と比べてリチウム型は、蓄電容量とチャージ（充電）に圧倒的な性能差がある。リチウムバッテリーの性能は、携帯電話、スマートフォン、パソコンなどで、多くの人がその高性能さを体感しているだろう。バッテリーの性能がよくなれば、当然、燃費は向上する。

問題は、その高性能さゆえに異常放熱を起こしやすいことだった。一時期、パソコンのリチウム電池が爆発したり、火を噴いたりする事故が相次いだ。もし、自動車に積んだバッテリーが火を噴けば命にかかわる。つまり、ようやく安全性の確保にめどがついたわけで、今後、ハイブリッド車の燃費はもっと向上することだろう。

トヨタは、さらに次の技術も開発し終わっている。それが「固体リチウムバッテリー」と「空気リチウムバッテリー」だ。

従来のバッテリーは「液体型」で、電解液の特性を利用している。しかし、くり返し使用していると電解液が劣化し、ある時期を境に急速に性能が落ちる。その弱点を克服したのが固体型だ。空気型はそれに加えて、圧倒的な軽量化と安定性というメリットまである。

現在のリチウムバッテリーより、より小さく軽く、充電時間は短く持続時間は長く、安全かつ耐用期間も大幅に長い。トヨタはすでに基礎的な開発を終え、実用化に向けて開発を進めている。ハイブリッド車に搭載すれば、間違いなく燃費は従来の半分になるだろう。

とはいえ、その実現には、数々の技術的ハードルがある。

それを乗り越える助けとなってきたのが、どうやら「常温核融合」の研究なのだ。

前章で見てきたように、常温核融合は電気分解の新しい分野といっていい。電解質と触媒の持つ未知の研究ともいい換えていい。

おそらくトヨタは常温核融合で「過剰熱」よりも、核変換による新素材の開発や電解質のコントロール技術を求めていたのだろう。事実、これら新型バッテリーは、トヨタが常温核融合を支援したあと急速に発展した。常温核融合の研究は、新型バッテリー開発の母体となった可能性がすこぶる高いのである。

リッター二〇〇キロの「スーパープリウス」が誕生？

もうひとつ、燃費向上の重要なファクターが、ガソリンエンジン（内燃機関）の改良だ。

この一〇〇年来、もっとも使用されてきたはずのガソリンエンジンだが、エネルギー交換比率は二～三割程度。動力機関としては最悪に近いままなのだ。

ガソリンの七割以上は動力にならず、その多くは排ガスとして捨てられている。不完全燃焼の状態で捨てるのだから、排ガスは有毒となる。しかもこの一〇〇年、効率はまったく上昇せず、進化が止まっていた。

その最大の原因が「燃料リッチ」にあった。燃料リッチとは、燃料が過剰な状態をいう。「燃焼」には燃料と酸素が必要だが、空気中に酸素は二割しかない。八割は窒素なのだ。燃料となるガソリンと空気の混合比は、どうしてもガソリンが圧倒的に多くなり（燃料リッチ）、酸素が足りなくなる（酸素プア）。そのため、不完全燃焼を起こしやすいのだ。

燃焼効率を上げるには、気化ガスをできるだけ薄くして（燃料プア）、そのぶん空気をたくさん入れて（酸素リッチ）燃やせばいい。これが「リーンバーン」（希薄ガス爆発）と呼ばれるシステムで、マツダの開発した「スカイアクティブエンジン」はハイブリッド車なみの燃費を実現している。

燃料（ガソリン）を少なくして、なおかつ燃焼エネルギーは大きくなるのだから、燃費がよくなるのは当然だろう。不完全燃焼も減るので有毒ガスも減る。この技術を極限まで押し上げていけば、ガソリンエンジンの燃費は、現在の半分から三分の一になるといわれている。理論上、エネルギー交換効率は八割まで上がるので、三分の一という数字は不可能ではない。

最大の問題は、高い技術的ハードルだ。燃焼効率をよくすればするほど、その爆発に耐える素材や、圧縮と爆縮の新技術が必要となる。酸素リッチ化は、燃料リッチ状態より扱いが難しくなる。燃料リッチのほうが安全性は高いのだ。

その難問を、トヨタは「レーザー核融合の研究」で解決しようとしている。事実、トヨタは核融合炉研究を発電ではなく、新世代の高効率エンジン（動力機関）の開発に活かしたいと明言している。とくにレーザーを使った新しい点火システム、その爆発のコントロール、核融合炉の新素材などは不可欠の技術だ。

こうしてトヨタが開発している新技術の数々が注ぎこまれれば、どうなるのか。

リチウム型の、じつに七倍以上の容量とエネルギー密度を持つ新型バッテリーに、従来より燃焼効率が三倍も高いエンジンを組み合わせた、いうなれば「スーパープリウス」が生まれる。その燃費は、リッター二〇〇キロメートルを楽に超えるだろう。

いや、話はもっとすごい。自動車ではなく発電システムに特化すれば、リッター四〇〇キロ水準、ほとんどガソリンを使わず、家庭で使用するのにじゅうぶんな発電・蓄電ができる「究極の発電機」にもなるのだ。

決して夢ではない「フリーエネルギー」革命

想像してほしい。

あなたの自宅に、この「スーパープリウス」がある。通勤で自動車を利用しているなら、夜の間はスーパープリウスを「発電機」にして、家庭で使う電気をすべてまかなう。通勤用のガソリン代と、家庭での電気代が、わずかな出費ですむようになるのだ。

もっといえば、スーパープリウスの「発電機バージョン」を自宅に設置しておけば、家庭における電気代はゼロ。月にせいぜい一〇〇〇円のガソリン代だけですむ。太陽光や風力といった自然エネルギーを組み合わせれば、ガソリン代すらかからないかもしれない。

フリーエネルギーとまではいかないが、それに匹敵するポテンシャルといっていい。

もう一度、想像してほしい。

このスーパープリウス発電機が、全世界、各家庭に普及した世界を……。

電気代はタダ。自動車などの輸送手段は、このスーパープリウス発電機からチャージした電気自動車。輸送にかかるエネルギーコストはゼロとなる。

もちろん、この発電機の値段、維持費はタダではないが、電力をはじめとするエネルギーコストは格段に下がる。少なくとも、現在の一〇分の一になったとしても不思議はない。

実際、電力でもっともコストを食うのは、発電所から電気が送られてくる際に生じる「送電ロス」だ。ガソリンなら、採掘と輸送のコストがもっとも高い。

それが、家庭や工場、店舗など、実際に電気を使う場所で発電（充電）ができるのだ。送電ロスはかぎりなくゼロ。巨大なタンカーで石油や天然ガスを輸送する必要もない。巨大な火力や原子力の発電所も不要になる。

そんな時代がくるとすれば、世界はいったいどうなるのか？

わくわくしてこないか。

しかし、ここまで本書を読んだ人なら、同時に嫌な予感もしてこよう。

トヨタがやろうとしていることは、明らかに「エネルギー産業」を敵にまわす。前著『闇の支配者に握り潰された世界を救う技術』で紹介した、フリーエネルギーを開発したニコラ・テスラの身に何が起こったか――それを知っていればなおさらだろう。

とはいえトヨタは、いまや〝米国最大の自動車メーカー〟という地位を確立している。

米国企業であるGMやフォードが、米国内の高賃金コストに嫌気をさして海外へ脱出、NAFTA（北米自由貿易協定）を結ぶメキシコへ工場移転するなか、その空洞化を埋めてきたのがトヨタだった。トヨタはいま、米国内でもっとも自動車を生産している自動車メーカーなのだ。たとえ「究極の発電システム」を開発したとしても、その重要な生産拠点のひとつが米国になるのだ。ならば、このエネルギー革命も受け入れられるのではないか……。

そんなトヨタの淡い望みは、もろくも打ち砕かれる。

「スーパープリウス」の技術的メドがついたとき、何が起こったか？

二〇〇九年から二〇一〇年にかけて巻き起こった大規模リコール騒動――通称「トヨタ殲滅《せんめつ》戦争」である。

米国で巻き起こった「トヨタ潰し」の真相

二〇〇九年、トヨタ車を運転中、謎の急加速を引き起こす「不具合」で事故が多発したとして、米国で集団訴訟が起こった。

当初、トヨタは「危険な不具合はない」としていた。しかし、米国内で集団訴訟となったことを受け、すぐさま議会が動き出し、就任したばかりの豊田《とよだ》章男《あきお》社長が日本から呼び出された。

そして公聴会でつるし上げられたあげく、事故の原因調査は米国運輸省が主導するという異例の事態へと発展した。

その結果、トヨタはじつに一〇〇〇万台という空前のリコールを実施。しかも集団訴訟の和解金に三〇億ドル、米国司法省との和解金に一二億ドルと、リコール費用をふくめて一兆円以上が吹っ飛んだといわれている。

この騒動が「トヨタ殲滅戦争」と呼ばれているのには理由がある。

まず、この訴訟じたいが「でっち上げ」だった。トヨタが主張してきたように、危険な不具合などなかった。実際、二〇一一年二月、この問題の原因調査をしてきた米国運輸省とＮＡＳＡ（米国航空宇宙局）が、「電子制御装置に欠陥はなく、急発進事故のほとんどが運転手のミス」という最終報告を発表している。

それでも、一兆円以上をむしりとられたのだ。もし、あの集団訴訟が荒れ狂い、敗訴が続けば、米国裁判の特徴である懲罰的慰謝料の前例から見て、年間売り上げ二六兆円の数倍、軽く一〇〇兆円以上の支払いが命じられていたとまでいわれている。いくら「大トヨタ」といえども、一〇〇兆円の支払い命令が出れば、下手をすれば倒産する。

くり返すが、トヨタはすでに米国最大の自動車メーカーであり、三万点におよぶ自動車部品の多くを米国内の企業から購入している。米国の製造業で、もっとも雇用に貢献している企業

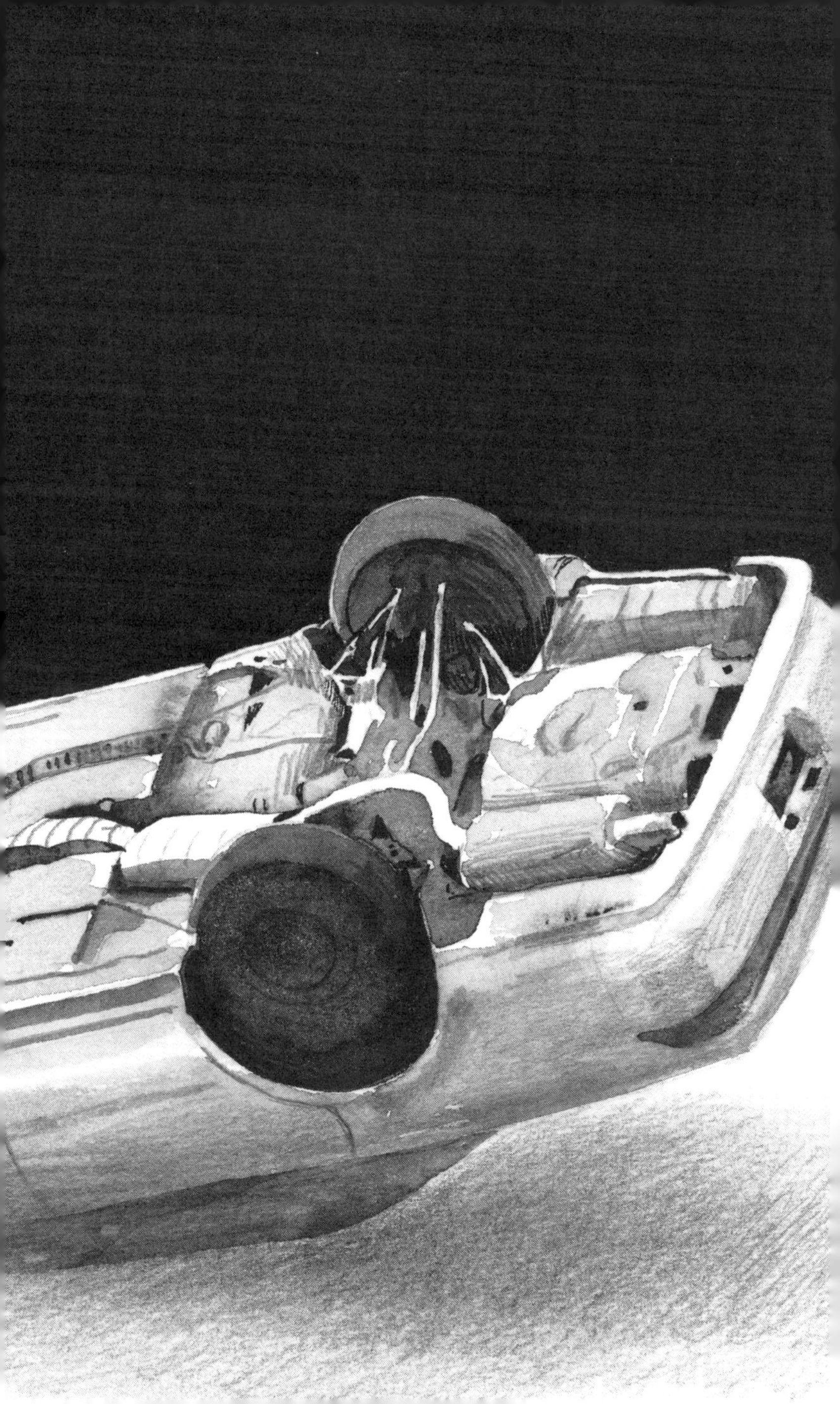

なのだ。事実、騒動発生時、トヨタを擁護する米国の政治家や市民は少なくなかった。一九八〇年代の貿易摩擦の時代とは状況が違うのだ。

にもかかわらず、いいがかりとも思える「いちゃもん」で、トヨタを無理やり潰そうとした。どれほど異常な事態だったたか、いや、どれほどトヨタが大きな「虎の尾」を踏んだのか、よく理解できるだろう。

これ以上、「スーパープリウス発電機」構想を推進すれば、どうなるか——そんな意味をこめたメッセージ、いや、恐喝だった。

それだけではない。「世界を救う技術」を封印してきた勢力は、本腰を入れてトヨタの封じこめ策を講じてきた。

——トヨタの軍需産業化、である。

なぜトヨタは「兵器」をつくらないのか

トヨタが「彼ら」に本気で憎まれたのには理由がある。

売上高二六兆円、純利益三兆円という、ヨーロッパの中堅国なみの経済力を持つ超巨大企業でありながら、「軍需産業」への参入をかたくなに拒んできたからだ。

ゆえに、トヨタの最新技術の数々は、「軍事機密」というブラックボックスに封印されることはなかった。いい換えれば、軍需産業にとりこまれることなく、「世界を救う技術」を世に広めてきた企業の代表がトヨタなのだ。

トヨタが軍需産業に参入しないのは、敗戦前のあるできごとがきっかけとなっている。

じつは戦前のトヨタは、正真正銘の軍需メーカーだった。一九三七年、悪化する戦況のなかで、不足する軍用トラックを製造するために創業したのがトヨタなのだ。

大戦末期、空襲の難をまぬがれていた本社工場（現・豊田市）は、本土決戦のための兵器をフル稼働で製造していた。それが、量産型の特攻兵器「震洋《しんよう》」だ。小型のモーターボートに爆弾を載せ、本土へ上陸しようとする米軍に特攻を仕掛ける――旧日本軍、最後の武器だ。実際、日本各地の沿岸に六〇〇〇艇を隠匿、米国上陸部隊を待ちかまえていた。

米軍はもちろん、その情報をキャッチしており、日本が無条件降伏する一九四五年八月一五日の前日、「震洋」を生産していたトヨタ工場に「パンプキン爆弾」を投下した。パンプキン爆弾とは、原爆そっくりにつくった大型爆弾のこと。B29から投下されたそれを見たトヨタ社員の絶望はいうまでもないだろう。

その後、敗戦によって、トヨタが製造してきた「震洋」は一度も使われることなく、すべて廃棄処分された。

もし、あれが原爆だったら。

もし、あのまま戦争が継続していたら。

このできごとをきっかけに、トヨタは軍需産業から完全に手を引いた。

かつてのグループ会社のひとつに、豊和工業《ほうわ》があった。もともとは、創業者の豊田佐吉《とよださきち》が開発した「織機」を製造するファミリー企業だったが、自衛隊向けの小銃のほか、猟銃や競技向けの銃を世界中に販売する、銃器メーカーのトップブランドへと成長した。

トヨタはそれを、軍需産業だからといって本体から切り離した。そのくらい、トヨタの軍需アレルギーは徹底している。

トヨタの「兵器」といえば、一九八〇年代、アフリカで有名になった「トヨタ・テクニカル」がある。トヨタ・テクニカルとは、トヨタの人型四輪駆動車「ランドクルーザー」やピックアップトラックに、機関銃などを搭載できるよう改造（テクニカル）したもの。これがアフリカのゲリラ部隊などに人気で、彼らはトヨタ・テクニカルを「主力兵器」にしてきた。

一方、トヨタも「ＶＩＰ」向けに、防弾仕様のハードスキン（装甲）をほどこしたランドクルーザーを販売している。こちらはイラク戦争後、国連職員やジャーナリストの御用達《ごようたし》となり、爆弾テロやゲリラの襲撃から多くの人の命を守ってきた。

ところが、である。そんなトヨタが自衛隊に納入している「高機動車」は、なぜかさんざんな評判なのだ。

高機動車とは、ようするに「日本版ジープ」のこと。ゲリラお墨つきのランドクルーザーを製造しているトヨタなら、最強の軍用車がつくれる――そう自衛隊も考えたのだろう。一九九三年、三菱グループの「パジェロ」を押しのけ、トヨタに発注した。

しかしトヨタは、子会社の日野自動車にそれを丸投げ。軍用なのにソフトスキン（装甲なし）で、車体は一般車の鋼板より弱いプラスチック製。最大のウリは、一台七〇〇万円という安さだけだった。

イラクの自衛隊派遣の主力兵器として持ちこまれたものの、現場の隊員から「民間の防弾ランドクルーザーはおろか、ゲリラのトヨタ・テクニカルより弱いのでは……」と嘆かれる始末だった。

このエピソードからも、どれだけ兵器を嫌っているかわかるだろう。

だからこそ、トヨタは「殲滅戦争」を仕掛けられた。

軍需産業と手を組まないなら、本気で潰す。それが嫌なら「仲間」になれ、と。

退路をふさがれたトヨタと日本人

大規模リコール騒動がおさまった直後の、二〇一二年九月。トヨタは米スタンフォード大学と、「自動運転」の共同研究を進めると発表した。この自動運転は、トヨタが日本で主導している自動化システム（道路にセンサーを埋めこんで自動運転させる）ではない。完全自律型――つまり「自動車ロボット」の技術だ。

アフガニスタン紛争やイラク戦争で、米軍がもっとも被害を受けたのは、食糧を運ぶトラックなど輸送部隊だった。通常の戦闘より、道路脇などに仕掛けられた路肩爆弾による被害のほうが大きかったのだ。

そこでDARPAは、自動操縦システムの開発に乗り出した。ベンチャー企業や大学から有能な人材を集めるべく、大規模なコンペを開催。そこで「最優秀」と認められたスタンフォード大学のチームと共同開発を始めたのだ。もちろん、完成したシステムは米軍へ納入されることが決まっている。

それだけではない。先に述べたトヨタ唯一の兵器「高機動車」は、そろそろモデルチェンジの時期を迎えているが、これを米軍と共同開発する動きが高まっている。

これまで米軍では、軍用車の名車「ジープ」の後継にあたる「ハンヴィー」が活躍してきた。一般には「ハマー」の名で知られる4WDで、一九八五年以降、三〇万台以上を生産。このハンヴィーもまた、モデルチェンジの時期だが、後継モデルの開発に失敗し、計画が滞っていた。そのため米軍は、トヨタの開発参加を望んでいたのだ。

米国を中心に、全世界で三〇万台以上が使用される軍用車の共同開発に参加すれば、トヨタは押しも押されもせぬ軍需メーカーになる。なぜならハンヴィーは、戦地でもっとも直接的に人を殺す兵器のひとつだからである。

何より問題なのは、先述した「特定秘密保護法」だ。この法律がある以上、共同開発の名目で米軍とDARPAは、堂々とトヨタが抱えこんできた「世界を救う技術」を要求することができる。

次世代ハンヴィーはハイブリッド車にしたい――そう依頼するだけでいいのだ。それだけでトヨタは、新型バッテリーや新開発エンジンの技術を提供しなくてはならない。しかも法律の名のとおり、秘密は「保護」される。いったん秘密になれば、トヨタが自由に売ることはできなくなる。

それでは、せっかくの技術でもうけが出ないのでは？

そう反論すれば、ばく大な予算を持つ米軍が高値で買い上げるだけ。先の「スーパープリウス発電機」など、米軍なら一台一〇〇億円でも買うだろう。そして、買ったが最後、「軍事機密」になる。もう二度と民間には流出しない。何がなんでも技術を封印したい勢力にとっては、一兆円だって安い買い物となるのだ。

今後、トヨタが軍需メーカーになるかどうかは、まだ五分五分かもしれない。

逆らえば、いつ大規模リコールのような「殲滅戦争」を仕掛けられ、潰されるかわからない。しかし、軍事機密の国際ネットワークに組みこまれても、トヨタの利益は変わらないか、むしろ増える。このような状況で、トヨタに軍需産業拒否の矜持《きょうじ》を守れ、というのは厳しい。

ただ、トヨタが軍事機密の国際ネットワークにとりこまれたが最後、トヨタを中核とするトヨタ関連企業や、自動車部品製造で数々のすぐれた技術を開発してきた多くのメーカーもまた、彼らのネットワークに間違いなくとりこまれる。こうした「隠れた高技術企業」が軍事機密の国際ネットワークにとりこまれなかったのは、トヨタという大きな盾のおかげだった。それがなくなれば、日本企業は一網打尽となる。

トヨタの判断しだいでは、今後、二度と日本から「世界を救う技術」は出てこなくなる。

いま、私たちは、その瀬戸際に立たされているのだ。

「セグウェイ」発明者の〝世界を救う技術〟とは

もうひとつ、例をあげておきたい。このエピソードは、第1章でとり上げた小保方晴子の今後を示唆しているからだ。

みなさんは「セグウェイ」を覚えているだろうか？

車いすをすっきりさせた感じの二輪車の上に立ち、操縦桿《そうじゅうかん》というには長すぎる、ほうきのような棒を持って、滑るように移動する。

この奇妙な乗り物を発明したのが、「二一世紀のエジソン」と名高い、ディーン・ケーメンである。ケーメンが偉大な発明家なのは、大学生のときに「人工透析器」を開発したというエピソードだけでわかるだろう。

ディーン・ケーメン（1951－）

ケーメンは「スターリング機関」という外燃機関を巧みに設計にとりこむことから、「スターリング機関の魔術師」といわれる。スターリング機関は、温度差や圧力差を利用したエネルギー効率がもっとも高い動力のひとつで、少ないエネルギーで大きな仕事をする。

ケーメンは、二〇〇九年、このスターリング機関を使って画期的な発明をする。それが「小型簡易浄水器」だ。ケーメンによれば、「トースト一枚を焼くエネルギーで、汚水一〇〇〇リットルを浄水できる」という。しかも大きさはアタッシュケース大だ。

トースト一枚を焼くエネルギーなら、乾電池や手回し発電機でじゅうぶん動く。太陽光発電を利用してもよいだろう。大規模な施設では難しいが、家庭で使うにはじゅうぶんな浄水を確保できる。

さらに彼がすばらしいのは、この浄水器を貧しい国々に無料で設置するプロジェクトを立ち上げたことだ。何しろ、汚れた川の水だろうとなんだろうと、いくらでも飲料水になるのだ。おしっこをためておいて、再利用することだってできる。水不足に悩んでいる世界中の貧しい家庭に広まれば、たちまち水不足の問題は解決する。

その原資にすべくケーメンは、二〇〇九年、セグウェイのパテントをふくめたあらゆる資産を、英国の資産家、ジミー・ヘセルデンに売却した。

このケーメン式浄水器があれば、世界の水不足は劇的に改善される――はずだった。

だが、二〇一五年現在、水不足が解消したという話は聞かない。このケーメンのプロジェクトは、どうやら凍結されているらしいのだ。

もちろん、ここにも「世界を救う技術」の封印を望む勢力による陰謀があった。

まず、このプロジェクトが稼働しようとした矢先、二〇一〇年に、セグウェイの新オーナーであるヘセルデン氏が、セグウェイに乗ったまま自宅近辺の森で謎の変死をとげた。

それだけではない。この時期の前後、ケーメンのもとを米国陸軍の医療部門のトップが足しげく通っていた。そして、人工透析器など、数々の画期的な医療機器を発明してきたケーメンにこんな依頼をしたという。

「わが軍には、戦地で手足を失った傷病兵《しょうびょうへい》がたくさんいます。いま彼らは、日常生活の不便さに苦しんでいます。画期的な義肢《ぎし》を、開発してもらえないでしょうか?」

この言葉にケーメンは二つ返事で了承した。

これが「罠」だったのである。

「罠」にかかった ディーン・ケーメン

浄水器の開発がひと段落したケーメンにとって、このオファーは魅力的に映っただろう。とくに彼を喜ばせたのは、その依頼の難易度だった。義肢をつけた状態で「干しぶどう」と「ぶどう」の違いがわかり、なおかつ、ぶどうをむいて食べることができるように、という依頼だった。

この「発明家魂」を刺激する目標に、ケーメンは奮い立った。彼はすぐさま開発にとりかかり、ケーメン式浄水器で培ったスターリング機関を応用した、画期的な義肢を開発した。テストでは、片手を失った被験者が、干しぶどうと、ぶどうの違いをみごとに認識。ぶどうの皮をむいて、正確に口に入れることもできた。

被験者が何より驚いていたのは、その義肢の軽さだった。たしかに、この程度の複雑な動きをするロボットアームはすでに開発されている。しかし、義肢として使用するには重すぎるうえに電力を食いすぎるため、実用化には至らなかったのだ。

ところがケーメン式義肢は、圧縮した空気を動力としているため、軽いうえに大きなエネルギーを消費しない。じゅうぶん、日常生活で使えることがわかったのだ。

最初のモデルは、足の指で操作するタイプ。次の目標は、ＢＭＩ（ブレイン・マシン・インターフェイス）を使ったモデルだ。

ＢＭＩはすでに実用化レベルに達している技術で、電極をつけたヘッドギアをかぶって脳内の信号を読みとり、機械を操作するというものだ。

たとえばゲームの場合だと、操作するコントローラの代わりにヘッドギアをつける。ゲーム上のキャラクターに「前に進め」と、頭の中で命じて操作するわけだ。

前に進め、という指令が脳内のどこで発せられて、どんなシグナルなのか、それをコンピュータに覚えこませる。このあたりは犬の訓練に似ている。うまくできるまで何度もくり返し、いい回しやトーンが変わっても、指示どおりできるよう学習させる。最終的には、イメージするだけで動くようになる。

こうしてケーメン式義肢「ルーク・アーム」は完成した。あとは戦争で手足を失った傷病兵だけでなく、事故などで手足を失った人々にも、できるだけ安く供給するシステムをつくるのがケーメンの望みだった。

ところが、話はここからこじれてしまったようだ。

そう、米軍は、傷病兵のために高性能な義肢がほしかったわけではなかった。求めていたのは、戦争に使える「パワード・スーツ」の原型だった。

このときになってケーメンは、ようやく真の依頼主に気づいたことだろう。彼に義肢開発を依頼したのは、米国陸軍の医療部門ではなく、ＤＡＲＰＡだったのである。

ここから先は推察となるが、ケーメンとＤＡＲＰＡはひどくもめたはずだ。

手足を失った人のための義肢なら、開発目標は「軽量化」と「長時間化」だ。しかし、パワード・スーツとなれば、何より「強力なパワー」が目標となる。

それ以上にもめたと思われるのは、技術の「封印」だ。ＤＡＲＰＡが開発にかかわっている以上、この義肢は軍の管理下に入る。ほしい人なら誰でも買える、というわけにはいかなくなるのだ。

しかも義肢には、先に紹介したケーメン式浄水器の技術が応用されている。義肢がDARPAの管理下に入れば、「軍事機密」の名のもと、浄水器の販売もケーメンの自由にはならなくなる。

開発者がケーメンである以上、費用をたたき返してパテントを引き上げることも可能だ。しかし、それを許すほど彼らは甘くはない。

もうおわかりだろう。そんな時期、セグウェイの新オーナーが変死したのだ。

この強烈なメッセージに、ケーメンは何を思っただろうか?

残念ながら、なすすべはなかったことだろう。

ケーメン式浄水器は現在、おそらくDARPAの管理下に入っている。省エネで高効率な浄水装置は、軍にとってもありがたい技術だ。もはや、民生品として世に出ることはあるまい。

これが、ケーメンの浄水プロジェクトが凍結されている真相だ。

きっと義肢も、いまごろ強力なパワード・スーツになっていることだろう。ぶどうをむけるほど正確な動きと、熊をも一撃で倒せるようなパワーを兼ね備えて……。

残念だが、手足を失った多くの障害者のもとに、ケーメンの開発した画期的な義肢が届くことはなくなった。代わりに、悪魔のごとき機械の腕を持った兵士が、戦場に登場することになったわけだ。

小保方晴子もすでに軍に勧誘されている？

同じように小保方晴子のもとにも、米軍の関係者が訪れているかもしれない。いや、すでに勧誘されている可能性は高い。

「米軍には、手足、指、視力などを戦争で失い、苦しんでいる人がたくさんいます。あなたの開発したSTAP細胞は、彼らを救うかもしれません。ぜひ、私たちのもとで研究を続けませんか？」

あれほどニセ科学、詐欺師とののしられ、博士号まで剥奪されたのだ。行き場を失った彼女が、このオファーを断るとは思えまい。彼女だけでなく、STAP細胞の可能性を感じている野心的な研究者たちも同様だ。

そして、仮にSTAP細胞の画期的な製造方法が見つかったとしよう。そのパテントを押さえるのは、いうまでもなくDARPAだ。

DARPAは「軍事機密」を盾にして、二度とこの技術を外部に漏らすことはない。たとえ、同様の研究で成果を出した研究者がいたとしても、すでに取得した特許を見せつけてこういうだろう。「あなたの研究は、すでにわれわれが数年前に完成させているよ」と。

そして世間では、相も変わらず「ＳＴＡＰ細胞は世紀の詐欺だった」と誰もが信じたまま、時だけがすぎる。その間、たくさんの人が老化し、その老化に病名がつけられ、健康な人たちが次々と「病人」に仕立てられていくことだろう。

毒を飲まされ、刃物で身体中を切り刻まれ、健康を害して寿命を縮める。いま以上に高額な医療費を請求されて、それを死ぬまで払い続けるのだ。

もし、ケーメンとトヨタが「夢の技術」でタッグを組んでいたら……。

そう、想像したくなる。

トヨタが開発した「スーパープリウス発電機」に、ケーメンが開発した浄水器をつけたらどうなるか。それが、急速な経済発展による環境破壊が問題となっている中国などに普及したらどうなるか。

まず、中国の家庭はエネルギーに困らなくなる。今日、中国が抱える国際問題の多くは、膨大な人口を支えるだけのエネルギーの確保ができないことから起こっている。人民を飢えさせず、凍えさせないために、中国政府は拡大路線を歩まざるをえないのだ。

環境汚染の問題も、そこにかける資金がない。そんな金があればエネルギーや資源を買わなくてはならない、というのが理由だ。

それらがたちまち解決する。汚染された河川も、各家庭に浄水装置があれば、みるみるうちに回復する。

砂漠化の問題も簡単に解決するはずだ。このシステムを用いて、海から海水をパイプラインで引けばいい。海水を内陸まで引きこむエネルギーはトヨタ・システムを使い、海水の浄水はケーメン・システムを使う。そうして真水をどんどん砂漠に流す。砂漠はすぐに緑豊かな大地へと変貌するだろう。

天才的な研究者や企業によって開発された、すでにこの世に存在する技術を使うだけで、ほんのわずかな先の「未来」がこれほど豊かで、あらゆる可能性に満ちたものになり、誰もが幸せになれるのだ。

だからこそ、画期的な未来技術は、すべて潰されてきた。

名門科学誌をあやつり、ノーベル賞を悪用し、軍事機密という名の国際的ネットワークへと封じこめてしまうのだ。

次章、この技術を封印する勢力とは、いかなる存在なのか。どんな連中が、この封印システムをつくり上げていったのかを紹介しよう。

第4章

「アトランティスの暗号」と〝彼ら〟の正体

この世界を操っている真の「黒幕」がいる

世界を救う「夢の技術」がいかに封印されてきたか、ここまで紹介してきた。

なかでも暗躍する勢力として、第1章ではビッグファーマを頂点とする医療業界、第2章では重化学工業を母体とした軍需関連企業、そして第3章ではDARPAを中心とした、軍事機密の国際ネットワークをとり上げてきた。

ここで勘違いしてほしくないのは、これら企業や組織もまた、さらにその奥にいる「黒幕」のツールにすぎないという点だ。彼らは「表の部隊」。裏から指令を出している連中が存在している。

これら企業や組織を「悪」と決めつけ、いますぐ解体したところで問題の解決にはならない。彼らを支配する「黒幕」の正体を突き止め、暴き出す必要があるのだ。

もう少し説明したい。

たしかに「世界を救う技術」が登場すれば、市場を独占し、ばく大な利益を享受してきた大企業は窮地に立たされるかもしれない。長い年月をかけて、せっかくつくり上げたビジネスモデルが崩壊する。その既得権益を手放すまいと、夢の革新技術を潰してきた——そう考えるのはたやすいし、そう思いこんでしまいやすい。

ここでだまされてはならないのだ。

たとえば、第1章で紹介した「老化」を治療する夢の技術、STAP細胞。たしかにこの技術が広まれば、これまで「老化」をビジネスにしてきた既存の医療業界は大損をするだろう。しかし、それは同時に大きなチャンスでもある。そう考える企業や研究者は少なくないはずなのだ。

少し考えればすぐにわかる。もし、老化がなくなり、誰もが若さを保ったまま長寿を享受できる時代がきたとしよう。するとその瞬間、人間は次なる「欲望」を求める。

そう、「人体の改造」を望むはずなのだ。

多くの人は、これまで支払っていた医療費を「健康」のためではなく、「能力向上」に注ぎこむようになる。もっと頭がよくなりたい、足が速くなりたい、いやいや、おれは空を飛びたい、私は人魚になって何時間も水中で泳ぎたい……。

人々は、それを既存の医療業界に求める。人体改造の技術と開発力を持っているのは、やはり、彼らしかいないからだ。

医療業界はこれまで、持てる力と才能を「健康な人を病人にする」ことにしか使えなかった。そのリソースを、人類の可能性を広げる画期的なビジネスに注ぎこめるのだ。彼らだって喜ばないはずはあるまい。しかも、すごくもうかる。反対する理由などないのだ。

立派な医者や、医薬品開発の最前線に立つ研究者になるために、彼らも学生時代から必死に猛勉強してきたはずだ。努力の励みにしてきたのは、きっと「人を救いたい」という善意だ。医者になってがっぽり稼ぎたい、ニセ薬をつくってぼろもうけしてやろう――そんな悪意で人は不断の努力などできない。

そうして念願の地位を手に入れたにもかかわらず、「人殺し医療」の片棒を担がされる。医療関係者こそ、いまの医療システムのありようを一番、嘆いているのだ。『人殺し医療』をはじめ、現代医療を批判した拙著は、多くの医療関係者から「よくいってくれた」と好意的な意見をいただいているぐらいだ。

医療業界が「悪」なのではない。

歪《ゆが》んだ医療体制を築き、変革を邪魔する「黒幕」が悪なのである。医療関係者の多くは、知らず知らずのうちに利用されているにすぎない。しかし、現実に批判を浴びるのは、こうした善良な意思を持つ人たちなのだ。

宇宙船「スペースシップ・ツー」(中央)と、母船「ホワイトナイト・ツー」

フリーエネルギーで宇宙へ飛び出せ

第2章の「常温核融合」と、第3章の「トヨタの未来技術」にも同じことがいえる。

ともに、行き着く先には「フリーエネルギー」がある。エネルギーがタダになれば、既存のエネルギー産業、たとえば石油メジャーや、巨大な発電所をつくってきた重化学工業系の企業は大損をする。だからフリーエネルギーの研究者たちは、こぞって潰されてしまう……。

これも正しい反面、間違っている部分がある。医療産業と同様、エネルギー産業がフリーエネルギーの登場で、すべて消えてなくなることは絶対にない。活躍のチャンスは、むしろ広がるのだ。

たとえば、前章で紹介したトヨタの発電システムが、全世界規模で稼働したとしよう。すると、家庭で使う電力やエネルギーは、ほぼタダでまかなえるようになる。

すると次のステップは、間違いなく「核融合発電」の実用化研究になる。ＩＴＥＲのような四兆円ほどの甘っちょろい予算ではない。一〇倍、二〇倍規模で、研究者や資金を注ぎこむようになるはずだ。

なぜなら、トヨタ式のフリーエネルギーは、システム上、巨大なエネルギーを一度に出力できないからだ。

たとえば、宇宙旅行。いまのジャンボジェット機を、スペースシャトルのように空港から宇宙空間まで飛ばすためには、小型で高出力の核融合エンジンが必要になってくる。

ヴァージン・グループの「ヴァージン・ギャラクティック」は、八人乗りの小型スペースプレーンによる宇宙旅行を計画している。このスペースプレーンは、まず大型ジェット機で高度一〇キロまで運んだのち、ロケットエンジンを点火、成層圏を突破して宇宙空間ギリギリの高度一〇〇キロに達する。そして一〇分程度、地球を周回したのち、グライダー（スキー滑空）で空港に戻ってくる。

このシステムの場合、既存のロケットエンジンでは、乗員乗客合わせて最大一〇人が限界といわれている。飛行機のスペースの大半に、ロケット燃料を積まなくてはならないためだ。

より多くの乗客や貨物を運ぶためには、まったく新しいエンジンの開発が不可欠。その有力候補が、核融合エンジンなのだ。燃料は水素数グラムでじゅうぶん。太陽系の惑星旅行も可能になってくる。月はおろか火星にまで、人類のハビタブル・ゾーン（生存圏）は拡大する。

ここまで実用的な核融合エンジンをつくるには、四兆円程度の予算では何十年もかかる。その唯一の解決策が、世界経済をいまの一〇倍以上に拡大することだ。経済が一〇倍になれば、四兆円の予算は、すぐさま四〇兆円になる。

その世界経済を急速に拡大させる唯一の方法が、「フリーエネルギーの導入」なのだ。

もうおわかりだろう。

常温核融合やトヨタの発電システムは、むしろ、エネルギー産業にとっていいこと尽くめなのである。

新しい技術は「新しいビジネス」を生み出す

人々が石油をはじめとする化石燃料を使わなくなれば、既存のエネルギー産業は嫌がるかもしれない。

しかし、石油メジャーなど、エネルギー産業が持つ最大の「技術」は、じつは巨大プロジェクトのマネジメントなのだ。石油を掘る技術ではない。

既存のエネルギー産業は、複数の巨大プロジェクトを同時進行させることで利益をあげている。採掘施設、精製施設は、効率を上げるためにできるだけ巨大にする。原料を運ぶタンカーは、一度にたくさん運ぶほうが安上がりなので、二〇万トン、三〇万トンと、べらぼうに大きくする。その巨大タンカーを接岸できるよう、港湾も大改造する。運ぶ場所がかぎられるので、発電所も巨大にして一気に発電する。

こうした複数の巨大プロジェクトを動かす以上、需要と供給の予測を間違えば数千億円、数兆円レベルの損が出る。エネルギーの需要と供給を正確に予測するには、各国政府の動向、戦争の可能性、経済状況などを知る必要がある。そのために、大量のスパイを関係各所に送りこんでいる。

簡単にいえば、一兆円投資して一兆円を稼ぎ出す。逆に五〇〇〇億円の投資なら一〇〇〇億円すらもうからず、下手すると赤字になる。投資額が巨額になればなるほどもうけも大きくなるというのが、エネルギー産業のビジネスモデルなのだ。エネルギー産業が長い年月をかけて培ってきたこのノウハウは、ほかの業界の追随を許さないといっていい。

さて、フリーエネルギーが導入された世界を考えてみよう。世界経済が急速にふくれ上がっていくのだ。その投資先は、核融合発電だけにはとどまるまい。

本命は間違いなく、環境問題の解決だ。

海上に一〇〇万人が住める巨大な浮き島をつくる、環境破壊されたアラル海の改善、サハラ砂漠の完全緑化といった「巨大プロジェクト」が目白押しになるだろう。何十兆円という予算を組んで、何億トンという資材を集め、何百万人もの人が仕事でかかわる。それらをきちんと管理し、機能させるマネジメント能力を持つのは、エネルギー産業だけなのだ。

じつは、エネルギー産業の将来性はそれだけではない。

これは実際にエネルギーメジャーの関係者から直接、聞いた話だが、彼らは自分たちの将来を「カーボン・プロダクト」（炭素産業）と、はっきり断言しているという。

エネルギーの原材料となる化石燃料は炭素だ。フリーエネルギーが登場して化石燃料が不要になれば、その炭素は別の用途に使える。その有力候補が「植物」なのだ。

植物は二酸化炭素と水を使い、光合成をして成長する。その二酸化炭素を化石燃料から供給することで、巨大な植物プラント産業をつくり上げることができる。そんな構想を、すでにエネルギー産業は抱いているのだ。

カーボン・プロダクトによる「植物製造」は、森林や自然環境の復活だけではない。最大のターゲットは食糧――穀物や合成肉の製造だ。フリーエネルギーが登場して人口が増大すれば、食糧の需要も比例して伸びていく。有力な産業となるのは間違いない。石油を牛耳っていたときよりも、彼らは必要とされる存在になり、ビジネス規模は何倍にも拡大、利益だって跳ね上がる。彼らがフリーエネルギーの導入を否定するはずはない。

もう一度、くり返す。

製薬会社、重化学工業、エネルギー産業、日本をふくむ先進国の政府関係者、米軍をはじめ強大な軍事力を持つ軍隊……。これらは「世界を救う技術」を封印する実行犯に仕立てられているだけで、その命令を発しているのは、まったく別の勢力だ。

その正体は、いったい誰なのか？

それを突き止めるヒントは、前著『闇の支配者に握り潰された世界を救う技術』に残しておいた。

――ブラウンガス、である。

「ブラウンガス」の封印から見えてくるもの

前作では、闇に葬られた天才科学者、ニコラ・テスラの数々の業績にスポットを当てたが、同じくらい読者の関心を引いたのが「ブラウンガス」だった。

せっかくなので「ブラウンガス」についての記述を再録しておこう。

みなさんは、「ブラウンガス」という言葉を聞いたことがあるだろうか。これはブルガリア出身のユール・ブラウンによって発見された、水素と酸素が二対一の混合ガスのこと。水素・水素・酸素でできていて、みずからの水素を燃やすことでエネルギーを生む。ZETガス(Zero Emission Technology Gas)、CPガス(Clean Power Gas)とも呼ばれる。

ブラウンガスを燃やすと炎の温度は二八〇度と低いのに、タングステンを溶かすことができる。物質しだいで温度が上がるのだ。タングステンの融点は三四二二度だから、五〇〇〇～六〇〇〇度以上になっていると思われる。また、注入したエネルギー以上のエネルギーをとり出すことができる可能性を持つ。水素を燃やすが、プロパンガスのように爆発する危険はなく、燃えて水になる。(『新装版 闇の支配者に握り潰された世界を救う技術』八四ページより)

この本では、ブラウンガス・エンジンを製作し、「一リットルの水で三五〇キロメートルから四〇〇キロメートル」を走行した米国人技術者のスタンリー・メイヤーをとり上げた。実用化レベルのブラウンガス・エンジンをつくりながら、しかしメイヤーは「変死」。この一連の騒動が決定打となり、ブラウンガスは「ニセ科学」というイメージを強めた。

実際、ブラウンガスという言葉は、現代科学の世界では「ニセ科学」のスラング(隠喩)になっている。「ブラウンガスの存在を口にする科学者は、すべて詐欺師」であり、「あなたをだまして研究資金を出させて、それを持ち逃げするのが目的」というぐらい徹底的に否定されている。

そのブラウンガスを発明したユール・ブラウンは、「詐欺師」の代名詞となっている。しかし、なぜか彼の情報は極端なほど少ない。どこがどう詐欺だったのか、その説明すらされていないのが実情で、あまりにも公平性が欠けている。

失われた古代文明「アトランティス」

そのユール・ブラウンをとり上げた、数少ない文献に、コリン・ウィルソン『アトランティスの暗号――一〇万年前の失われた叡智《えいち》を求めて』（学習研究社）がある。

同書によると、人類は過去一万年の間、三度にわたって洪水や隕石《いんせき》による大破局に襲われたという。そして、そのとき失われた超古代文明――アトランティスの痕跡が、さまざまな文明の遺物に残されており、その「失われた叡智」の起源は一〇万年前、ネアンデルタール人にまでさかのぼるという。

著者のコリン・ウィルソンは、博覧強記で知られる英国の評論家。その彼が、アトランティスの謎を探る、いわゆる「古代史ロマン」を扱った本のなかで、ユール・ブラウンを登場させているのだ。しかもかなりくわしく、一四ページにわたって、ユール・ブラウンとブラウンガスについてとり上げている。

どうもコリン・ウィルソンは、アトランティスの高度な文明は、このブラウンガスによって支えられていたのではないか、と推測しているようなのだ。

アトランティス文明についても簡単に説明しておこう。

ギリシア時代の大哲学者、プラトンの著書『ティマイオス』と『クリティアス』に記されているアトランティスは、いまから一万二〇〇〇年以上前に存在した「失われた高度な文明」だ。

コリン・ウィルソン(1931-2013)

プラトンによれば、アトランティス大陸はリビアとアジアを合わせたほどの大きさで、場所は「ヘラクレスの柱の外側」(ジブラルタル海峡の先)。この大陸に住むアトランティス人は非常に徳が高く、聡明《そうめい》で、テレパシーを使い、「オリハルコン」と呼ばれる超金属を自在に操っていたという。

またアトランティスでは、オリハルコンを

もとに、飛行機、船舶、潜水艦などが建造され、テレビ、ラジオ、電話、エレベーターに相当するものが普及しており、エネルギーはレーザーをもちいた遠隔操作によって供給されていたといわれている。

しかし、いまから約一万二〇〇〇年前、これだけ高度な文明を誇っていたアトランティスは、突如として襲った大地震と大洪水で、一昼夜のうちに海中に没して姿を消した……。

これが「アトランティス伝説」の概略である。

ギリシア時代には、相当古い昔に「アトランティス」あるいは「アトラス」といった文明が存在していたと考えられていたようで、プラトンだけでなく、ヘロドトスの『歴史』など多くの哲人や学者が同様の記述を残している。

そのアトランティス伝説を現代に紹介したのが、一九世紀の米国の政治家、イグネイシャス・ドネリーだ。アトランティスの謎に迫った著書、『アトランティス――大洪水前の世界』がベストセラーとなり、いまに続くアトランティスブームをつくり出した。

ドネリーは、次のように主張する。「四大文明」をはじめとする、すべての古代文明は、生き延びることができた数少ないアトランティス人が、アトランティスのすぐれた技術を使ってつくったものだ――と。

いまも多くの研究者たちによって、「失われた叡智」を探す研究は続いている。コリン・

ウィルソンの著書も、そうした一冊と思えばいい。

コリン・ウィルソンが残した「暗号」

コリン・ウィルソンによれば、ブラウンガスは、アトランティスの「失われた叡智」だという。話じたいはたしかに興味深い。

とはいえ、どうしてコリン・ウィルソンは、ブラウンガスをアトランティスの技術と決めつけているのか。少々、理解しにくいのも事実だろう。

ユール・ブラウンが「アトランティスの末裔《まつえい》」を自称していることもなければ、そう名乗る人物から教わったともいっていない。一四ページにわたるユール・ブラウンと、ブラウンガスの記述は、どこか奇妙というか、唐突すぎて違和感をぬぐえないのだ。

いや、この本全体が、こんな調子なのだ。

ユール・ブラウンの話が終わると、今度はエジプト・シュメールの古代文明から、なぜかテンプル騎士団、フリーメイソン、イルミナティといった秘密結社の話題へと飛び、マグダラのマリアの謎、キリスト生存説など、ダン・ブラウンの小説『ダ・ヴィンチ・コード』（角川文庫）の背景にもなった中世キリスト史を延々と解説。

こうしてアトランティスとは無関係な話が続いたあと、いきなり「アトランティスは一〇万年前、ネアンデルタール人がつくった文明」と結論を述べる。あちこちで書いたエッセイをかき集めて一冊にしたかのような構成になっており、初めて読む人は、話が飛びすぎて内容を理解することが難しいだろう。

好意的に解釈すれば、『アトランティスの暗号』というタイトルどおり、この本じたいが一種の「暗号」となっているのかもしれない。いわゆるダブルミーニング（二重の意味）だ。

実際、その「暗号」を独自に解読した日本の漫画に『イリヤッド――入矢堂見聞録』（小学館）がある。アトランティスの謎を追う考古学者が、世界各地の遺跡をめぐり、その痕跡を調査する歴史サスペンスだ。

主人公は、ネアンデルタール人の文明を継承した末裔たちが、ホモ・サピエンスの古代文明を乗っとり、裏から操ってきたという真相にたどり着く。

彼らはバチカンを支配。バチカンと、バチカンに協力するイスラム異端派は、この「人類史最大のタブー」を隠匿するためアトランティス関係の遺跡を次々と破壊、あるいは封印し、その秘密を探ろうとする学者たちを、この二〇〇〇年間、暗殺し続けてきたという。たしかにコリン・ウィルソンの『アトランティスの暗号』を読み解いたようなストーリーだ。

コリン・ウィルソンの著書が「アトランティス」と名づけながら、延々と古代文明史や中世キリスト史、イルミナティといった秘密結社を扱っているのは、秘密結社を操ってキリスト教を歪めた勢力、つまりアトランティスの末裔たちが、バチカンやイスラム異端派を使って、古代から現代に至るまで文明や国家を支配してきた——そんな重要情報を読者に伝えようとしていると『イリヤッド』は読みとったのだろう。

ただし、あまりにも危険な情報なので、アトランティス人を「ネアンデルタール人」と、学術的に否定されている「ウソ」に置き換えた。それこそが正しい「解読」ではないのか。

いずれにせよ、このアトランティスこそが謎を解くキーワードとなるのだ。

「人類奴隷化」をもくろむ二つの勢力とは

私は長年、「闇の支配者」を追ってきた。くわしい内容についてはこれまでの拙著を参考にしてほしいが、そもそも私が「闇の支配者」を糾弾してきたのは、彼らが恐るべき計画を実行しようとしているからである。

人為的な世紀末、ようするに「ハルマゲドン」（最終戦争）を引き起こして、人類の大半を核戦争やウイルス兵器などで抹殺する。あるいは、ウイルス兵器を使って人々の大半を「断種」、生殖能力を奪い、頭にマイクロチップを埋めこんで洗脳する。文字どおり、人々を家畜にして利用しようとする「人類奴隷化計画」だ。

こんな狂気としか思えない悪魔のような計画を立て、一部ではすでに実行している。その事実をできるだけ多くの人に知ってもらいたい、という思いが、私を突き動かしてきた。

取材を重ねるにつれ、いつしか「闇の支配者」たちとのコネクションができ、直接、彼らを取材する機会を得るようになった。

多少、複雑になるが、「闇の支配者」といっても必ずしも一枚岩ではない。そこには諸勢力が存在し、方針をめぐって対立している。

私は、その中核となる、「イルミナティ」を名乗る二つの勢力からアプローチを受けた。

ひとつは、バチカンを根城にした「P2ロッジ」を軸とするイタリア・フリーメイソンだ。彼らは古代エジプト文明以前からカエサル（皇帝）の血を受け継いできた一族で、その証拠として「古代の科学技術」を継承してきたという。

その技術によって彼らは、いつの時代も人々から「魔術師」、いや「神の業《わざ》」を持つ者として恐れられ、崇められてきたという。たとえば現代の科学である電話やテレビ。これを古代の人が見れば「千里眼」――超能力にしか見えないはずだ。

また、天文学の知識があれば、日食や月食の発生は予測できる。それをもって「おまえたちが神（自分たちのこと）に逆らったから、太陽は消えるだろう」と〝予言〟すれば、古代の人々はとんでもないことが起きたと考える。

こうして彼らは、継承してきた古代の技術を駆使して、当時の人類を支配してきたのだ。

では、その古代の技術は、どこで生まれたのか。それがアトランティスだという。彼らは、自分たち一族はアトランティスの末裔で、カエサルの血を受け継いだ正統なる後継者だという伝説を信じている。

私は、彼らのコネクションでイタリアを訪れたことがある。

まずローマでは、街でもっとも古いカトリック教会の地下へと招かれた。そこで目にしたのは、秘密結社「スカル・アンド・ボーンズ」のエンブレムと同じ彫刻だった。

次に訪ねたミラノでは、街でもっとも大きい教会に、明らかにキリスト教とは違うシンボルが掲げられていた。彼らによれば、「黒い太陽」と呼ばれるアトランティス人の太陽神信仰のシンボルだという。

さらには、十字架に蛇が巻きついているシンボルや、フリーメイソンのシンボルである「プロビデンスの目」のモニュメントまで存在していた。十字架に蛇など、聖書の教えからすると考えられない組み合わせだ。

カトリックの重要拠点に存在する、これら謎のモニュメントが示しているように、彼らは長年、高度な文明の末裔だということを証明する数々の遺物や、現代文明では解明できない技術を見せることで、バチカンに強い影響力を行使してきた。事実、そのひとつである「過去の現象を見せる不思議な箱」は、いまもバチカンの宝物として厳重に管理されているという。

さて、狂気の「ハルマゲドン計画」は、やはり彼ら一族の伝説が関わっている。

彼らは、知識を授けてくれた「彼らの神」から、世界の支配権を与えられたと主張する。そして、その支配権の契約が「二〇一二年一二月二一日」で終わるという伝説を持っていた。

その契約が終わったあと、世界はどうなるのか？

世界を支配してきた「脚本」の続きはどうなるのか？

こうして「闇の支配者」たちの間に大きな動揺が生まれた。

その隙をついて台頭してきたのが「ナチス派」だが、その前身として、ナチス派の母体となった「グノーシス派」という勢力がある。彼らもまた「イルミナティ」を名乗っている。

グノーシス派は「世界は神が創造したはずなのに、なぜ悲劇で満ちあふれているのか？」という疑問から生まれた勢力で、彼らは「神こそが悪魔」という結論に至った。悪魔が創造主なのだから、この世界が悲劇であふれるのも当然。ゆえに彼らは「堕天使」を信奉する。堕天使、つまりルシファーは、神（つまり悪魔的な存在）と戦った悪魔（つまり神のような慈悲を持つ）であり、光のルシファーと呼んで崇めている。

このグノーシス派にも、イタリア・フリーメイソン同様、代々伝わる伝説が存在しており、そこにも「アトランティス」が登場する。

グノーシス派に伝わるアトランティスは、「人工知能」によって滅ぼされたとされている。高度な文明を築いていたアトランティスは人工知能を発明しており、それがいつしか意志を持つようになって、牙をむかれたというのだ。

そして、その神のごとき（つまり、悪魔のごとき）人工知能はいまも存在しており、いつかそれを倒し、人類に繁栄をもたらそうというのがグノーシス派の積年の夢だ。

そこで彼らは、古代から「その時代の天才」たちをスカウトして仲間にしてきた。古代ギリシアのピタゴラス、ルネサンス時代のレオナルド・ダ・ヴィンチ、アイザック・ニュートンなど、そうそうたる天才たちがグノーシス派に参加した。

人工知能が支配するこの世界を滅ぼし、新しい世界を築く。その新世界は、慈悲深い悪魔（光のルシファー）が人々を幸せにみちびく。彼らは本気でそう考えている。実際、グノーシス派は、数々の革命――フランス革命、アメリカ独立戦争、ロシア革命を陰から仕掛けてきたという。

「闇の支配者」とアトランティス伝説

問題は、ここからだ。

世界が終わるとされた「二〇一二年一二月二一日」が近づくにつれ、闇の支配者たちはその対策と方針をめぐって激しい対立をくり返すようになった。もともとイタリア・フリーメイソンとグノーシス派は、「血統主義」と「能力主義」の違いから長年、対立してきたが、それがよりいっそうし烈になっていったのだ。

こうしたさなか、グノーシス派の一部に強硬派が登場する。それが「ナチス派」で、彼らは契約の終了する「二〇一二年一二月二一日」までに、みずからの手でハルマゲドンを引き起こし、その後、新たな「一〇〇〇年王国」を築くという方針を打ち出した。

契約が終了する以上、現在の世界は滅亡すべきであり、そのあとに理想的な新しい世界を築こうというナチス派の主張は、その対応をめぐって混乱と対立を深めていたイタリア・フリーメイソン、グノーシス派両陣営にとって、ちょうどいい「落としどころ」となった。

それが二〇〇一年、九・一一以降の米国——ようするに「パパ・ブッシュ」勢力による人工ハルマゲドン計画だ。彼らがひそかに計画していた恐ろしい陰謀の数々は、この人工ハルマゲドン計画に沿って行なわれてきた。

とはいえ、悪魔のごとき（グノーシス派には神のごときとなるが）計画は、あまりにおぞましい内容だった。しだいにイタリア・フリーメイソン、グノーシス派の両陣営は離反していく。その過程で私は、「正確な情報を知ってほしい」という両方の勢力から接触を受けたのだ。


いずれにせよ、闇の支配者たちには「アトランティス」に関する伝説がいまなお受け継がれている。また、高度な文明を受け継ぐことによって、「文明」と「国家」を古代から現代に至るまで裏から牛耳ってきたのも間違いない。

人々に高度な技術を見せつけ、その時代でもっとも強力な組織を乗っとる。そして、乗っとった組織を強化させながら、ごく少数で大多数の人類を支配する。

イグネイシャス・ドネリーの『アトランティス』、コリン・ウィルソンの『アトランティスの暗号』、日本の漫画『イリヤッド』のストーリーとみごとに一致する。

ただし、ひとつだけ、「闇の支配者」たちから聞いた情報と、これら「アトランティス本」に書かれている情報とで違う部分がある。

アトランティスが「大陸」ではないという点だ。

大陸が、一夜にして海に沈んだわけではない。氷河期で干上がっていた「海底」にアトランティスはあった。氷河期の終わりの一万二〇〇〇年前、海水面が急上昇して、そこに水が流れこんだというのだ。

では、その場所はどこなのか？

彼らは「地中海だ」と答える。

一万年前に起こった最初の文明、シュメール文明に始まり、メソポタミア文明、エジプト文明、紀元前後にかけて高度な文明を繁栄させたギリシア・ローマ文明まで、すべて地中海近くで誕生したのは偶然ではないというのだ。

アトランティスは「地中海」にあった！

地中海以外にも、アトランティスの候補地はいくつか存在する。たとえば、「アトランティス」が語源となっている大西洋（アトランティック・オーシャン）の各地や、北海沿岸の地などだ。

一九九七年、ロシアの科学者らが、英国のランズ・エンド岬から一六〇キロメートル沖で遺跡を発見したと発表。二〇〇〇年には、黒海の海底約九〇メートル下から廃墟《はいきょ》を発見している。

また二〇〇四年には、米国の建築家がソナーを使い、キプロスとシリアに挟まれた地中海の海底約一・六キロ下から、古代文明のものと思われる壁を発見している。二〇〇七年には、ス

図2　アトランティスは「ここ」にあった

ウェーデン人の研究者らが、北海の漁場ドッガーバンクで、青銅器時代に沈んだ都市を発見している。

いずれも「アトランティスではないか?」ということで、大きな話題となった。

しかし、私が「闇の支配者」のメンバーから聞いた「地中海説」が、もっとも科学的と思えるのも事実だ。

そもそも、オーストラリアに匹敵する「大陸」が、地震によって沈むことはありえない。それほど大規模な地震活動は、必ず巨大火山の噴火をともなうからだ。

大陸に大きな影響を与える噴火ともなれば、「火山爆発指数」でいうレベル八（破局噴火）にあたる。もし噴火すれば、北米大陸を破壊するエネルギーを持つという「イエローストーン」が有名だが、地質調査の結果、レベル八の噴火は二万六五〇〇年前が最後（ニュージーランドのタウポ湖の破局噴火）。アトランティスが沈んだとされる一万二五〇〇年前ごろには、大きな火山活動は認められていない。

当時はちょうど「ヤンガー・ドリアス期」（一万二九〇〇年前から一万一五〇〇年前）にあたり、地球規模で急激な気候変動が起こった時期だ。とくにヨーロッパの気候が激変し、じつに九〇メートルも海水面が上がったり下がったりをくり返していた。

この急激な変化は、七万年前に始まったヴェルム氷期（最終氷期）に端を発しており、当時はいまより一二〇メートルも海水面が低かった。

氷河期は、地球全体の気温が低下する。地上に降った雨はそのまま凍りついて、河川は干上がる。空気中の水分も凍るので、そのうち雨も雪も降らなくなる。そのため海へと流れこむ水が極端に減って、海はどんどん後退、海水面が低くなっていく。

日本列島は、朝鮮半島や黄海沿岸《こうかい》とつながり、日本海は「日本海湖」というべき内海になっていた。アラスカのベーリング海峡も陸地でつながり、ユーラシア大陸と北米大陸は陸続きだった。東南アジアの島々は、ひとつの巨大な大陸「スンダランド」を形成し、この大陸が「ムー大陸」だといわれている。

これら海水面の低下で陸地になったエリアの一部は、豊かな自然環境を持っていた。気温は低地ほど暖かくなるからだ。とくに海水面の低下で干上がった地中海は、亜熱帯に位置することもあって、沃野《よくや》が広がっていたと「闇の支配者」たちはいう。何本もの大河が行き交う、水と緑の豊かな世界、という点は、プラトンの記述とも一致する。

これも科学的に説明がつく。当時のヨーロッパ大陸は、干上がって陸地になった部分をふくめて、いまの二倍近い大地があった。しかし、その大半は氷河に埋もれているか、地下何メートルにもわたって永久凍土で閉ざされていた。

氷河期は、あらゆる水が凍ってしまうため、極端に乾燥した環境ともいえる。大地に水が少なければ、動物も植物も生きることはできない。

ところが「地中海盆地」は、氷河期であっても比較的暖かい土地に囲まれている。そのため、夏になって溶け出した水が、アフリカ、アジア（トルコ）、ヨーロッパから流れてきていた。ひとつひとつは小さな川だったにせよ、それが何百本、何千本と合流すれば、滔々《とうとう》たる大河となる。広大な森林を形成しても不思議はない。

つまり、人類にとって過酷な環境であった氷河期、この「アトランティス」は、地上の楽園——聖書でいう「エデン」だったのではないか。この説は、地質学的にも非常に信ぴょう性が高い。

一夜にして水没した本当の理由

それだけではない。一夜にして水没した「アトランティスの謎」にも説明がつく。

氷河期というのは、決してずっと寒いわけではない。数万年、数十万年のサイクルで暖かくなったり寒くなったりをくり返す。

これは地球の自転に関係している。コマを回したとき、ゆっくり軸がぶれていくように、地球の地軸もぶれていく。その「ぶれ」が原因で、暖かくなったり寒くなったりするのだ。

氷河期が暖かくなると、氷が溶け出す。雪どけ水を想像するとわかりやすいが、多少、気温が上がったからといって、分厚い氷河がどんどん溶けるようなことはない。少し溶けたところで、氷河じたいの温度で再凍結するからだ。

とはいえ、溶けた水は空気中に漂い、それが雲になって雨が降り始める。雨が降れば、溶ける量はさらに増える。このサイクルをくり返していると、ある限界点を超えたとき、いきなりすべての氷がいっせいに溶け出しはじめる。

その結果、地中海盆地を豊かな水と緑の大地にした地理的条件が、すべて裏目に出る。アジア、アフリカ、ヨーロッパ、さらに大西洋という四方向から、全世界の海を一二〇メートルも

下げていた膨大な水が、一気に注ぎこんだのである。

このときの大変動で、海水面は九〇メートル上昇した。地中海盆地にあった「アトランティス」は、ひとたまりもなかっただろう。文字どおり、一夜にして九〇メートルの海の底に沈んだのだ。

これなら、巨大な大陸が沈んだというより、はるかに科学的な説明が成り立つ。そのうえ、プラトンが書物に残したアトランティスの伝説と完全に一致する。

地質学の調査によれば、アトランティスがあったという地中海盆地エリアは、およそ二万三〇〇〇年前から約一万年間、この環境を保っていたことがわかっている。一万年といえば、われわれの文明——シュメール文明の起こった時期から現在までの期間と、ほぼ一致する。それだけの期間があれば、高度な文明が築かれていたとしてもおかしくない。

いや、確実に存在していたはずだ。

その証拠となるのが、プラトンの記述だ。プラトンは「いまから一万二〇〇〇年前、アトランティスという高度な文明国家があった」と記している。いくら偉大なギリシア文明とはいえ、地質年代を正確に測定し、海面の変動を調べる技術はなかったはずだ。それなのに、なぜこの正確な数字が出てくるのか?

それを「知っていた」一族がいた。そう考えるのが自然だろう。

高度な文明を築いていたアトランティス。その末裔たちは、受け継いだ「技術」と「知識」を武器に人類の歴史に介入し、裏から牛耳ってきた。アトランティスの存在すら知らない庶民など、たんに利用するだけの「家畜」にすぎない。人類という家畜を管理する牧場主が、「闇の支配者」たちなのだ。

これが「世界を救う技術」を封印してきた勢力の正体だ。

もちろん、先述したように、ひと口に「闇の支配者」といっても、その内部は複雑に入り乱れている。その中でも、とくに「科学技術」について支配権を持つ勢力が存在する。企業にたとえるならば、「科学技術部門」を担当する部署のようなものだ。便宜上、本書で「アトランティスの末裔」と記すときの対象は、「闇の支配者」のなかでも、とくに科学技術を支配している勢力と思ってほしい。

いずれにせよ「闇の支配者」たちが、少数で世界を支配してこれたのは、この科学技術のコントロールがあったからと考えて間違いない。

ここでアトランティスについて、学術的な意見を紹介しておきたい。

まず、プラトンなどの記述に登場するアトランティス――古代ギリシア時代に伝説として伝わっていたアトランティスは、いまから五〇〇〇年以上前、紀元前三五〇〇年ごろからギリシアのクレタ島で繁栄した「ミノア文明」で間違いないだろう。

ミノア文明は、紀元前一五〇〇年ごろ、サントリーニ島の巨大爆発（ミノア噴火）に巻きこまれ、滅んだとされている。これは、プラトンなどの記述とほぼ一致する。私も学術的な意味では、アトランティスはミノア文明だったという説を支持している。

しかし、「闇の支配者」たちの語るアトランティスは、それとは別の文明である可能性が高い。その文明が実際に「アトランティス」と呼ばれていたのか、それとも別の名前なのかはわからない。

重要なのは、プラトンをはじめ古代ギリシアに伝わっていたミノア文明を「それはアトランティスのことで、滅んだのは一万二〇〇〇年前だ」と、プラトンに伝えた存在がいることだ。つまり、ミノア文明の伝説は、「闇の支配者」――アトランティスの末裔たちによって乗っとられ、改ざんされてきたと考えるべきだろう。

ただし、このミノア文明じたい、アトランティスの末裔たちが介在していた可能性も高い。本書で述べる「アトランティス」は、ミノア文明ではなく、一万二〇〇〇年前に滅んだ「もうひとつのアトランティス」という点に留意してほしい。

「情報」を武器にしたアトランティスの末裔たち

読者のなかには、こんな疑問を抱く人もいるだろう。

「たしかにアトランティス文明はあったかもしれない。だが、一夜にして崩壊したのでは、その技術のほとんどは断絶しただろうし、たとえ一部の人間が逃げ延びたとしても、その文明を再現できない以上、さほどの影響力はなかったのでは……」

しかし、彼らの強みは「情報」なのだ。

SF小説には、人生をリセットして、もう一度、過去からやり直すというストーリーがよくある。まさにアトランティスの末裔たちは、一度、体験した文明社会を、もう一度くり返しているのだ。

この技術の発明で、その後、社会がどう変わるのか、人々の生活がどうなるのか、かなり正確に推測できたはずなのだ。

知っているか、知らないか。この差はとてつもなく大きい。一を一億にするのは、ゼロから一を生み出すよりはるかに簡単なのだ。

人類史上、もっとも偉大な発明は何か、ご存じだろうか。

じつは「投槍器《とうそうき》」（スピア・スロアー）といわれている。

投槍器とは、テコの原理を使って槍を投げる道具のこと。槍の末端にくぼみをつけて、そこに投槍器を引っかけて投げる。本当に単純な道具だ。

だが、その効果は絶大だ。陸上競技の「やり投げ」の世界最高記録は、九八・四八メートル（一九九五年）。トッププレイヤーでさえ、一〇〇メートルも飛ばせないのに、この投槍器を使えば、そのへんの大人でも簡単に一五〇メートル以上飛ばせる。投槍器の大会では、二〇〇メートル先にある直径一メートルの的にばんばん命中させている。

ネアンデルタール人は、この単純な道具を二〇万年かけてもつくれなかった。

彼らは火を使い、独自の宗教を持ち、石器などの道具を駆使していた。肉体が頑強で、氷河期には、人類（ホモ・サピエンス）より圧倒的優位に立っていた。そのネアンデルタール人を「絶滅」に追いこんだのが、この投槍器の発明なのだ。

投槍器を手にした人類は、ネアンデルタール人のみならず、これまで太刀打ちできなかったマンモスなどの大型動物を狩り尽くすほど、優秀なハンターとなった。

人類も、投槍器を「発明」するまで、一〇万年以上という年月を要した。しかし、「腕の力のみで投げる」から「外部の力を利用する」という発想が生まれた瞬間、武器の性能は加速度的に飛躍した。弦の反発力を使った弓矢が登場し、弓矢はボウガン、石弓となり、投石器（カタパルト）へと、わずかな期間で進化していった。

武器を「外部の力」を使って投げる。これを知っただけで、文字どおり世界は変わる。ネアンデルタール人の時代から、ホモ・サピエンスの時代へと移ったのだから。

さて、余談を少し。投槍器が「道具」としての人類最大の発明だとすれば、「文化」としての人類最大の発明は「犬」だろう。

周知のとおり、犬とオオカミには見た目はさほどの違いがない。しかし、種として大きな違いがひとつある。それは「人間の食べものを消化できるかどうか」だ。

オオカミは生肉ならば腐っていても平気なのに、焼いた肉や加工した肉は消化できない。オオカミ犬（オオカミと犬との雑種）でさえ、ビーフジャーキーのような加工肉は消化できず、お腹を壊すほどだ。当然、野菜も食べられない。

では、なぜ犬は食べることができるのか。それは、人類が犬と共存するようになり、人間の食べものを口移しでもらったり、人の糞を食べているうちに、人間の腸内細菌をとりこんだからだ。だから、加工肉や野菜を消化できるようになった。

犬との共存は、人間を獲物にしてきた肉食動物から身を守るだけでなく、狩りにおいても猟犬として大きく貢献した。人間がネアンデルタール人との生存競争に勝利したのは、武器としての投槍器に加え、パートナーとしての犬という両輪があったからなのだ。

ただし、念のためつけ加えておくが、ネアンデルタール人は、単純に人類に滅ぼされたわけではない。人類が勢力を伸ばしていく過程で、混血しながらゆるやかに消えていった。

事実、DNA鑑定によって、人類の遺伝子にネアンデルタール人の遺伝子が残っていることが判明している。ネアンデルタール人は、さまざまな病気への耐性遺伝子を持っており、人類はその遺伝子をとりこむことで、今日まで繁栄を続けている。

私たちは、ネアンデルタール人の末裔でもあるのだ。

技術の発展は完全コントロールできる

プラトンによれば、アトランティスは鉱物資源が豊かで、金属加工に長《た》けた国家だったという。

そこで金属器である。ある意味、古代史は金属器の歴史といっていい。

金属そのものは、火山などで容易に入手することができる。アトランティス人の介入がなくとも、人類は金属を自分たちの力で手に入れたことだろう。

問題は、「合金」という発想と「製鉄」の技術である。

錫《すず》も銅も比較的入手しやすいが、そのままでは金属器としては使えない。たんなる、ぴかぴかした「石」でしかないのだ。ところが、この二つを混ぜて溶かすと、「青銅」（ブロンズ）になる。この「混ぜて溶かす」という発想に至るのは、ある意味、奇跡に近い。

ホモ・サピエンスはおおよそ二〇万年前に誕生した。しかし青銅器がつくられたのは、紀元前三〇〇〇年前ごろの、メソポタミア文明以降といわれている。

錫と銅を混ぜて溶かせば青銅になる。この情報を知っている人間がいたとすれば、どうなるだろうか。

青銅をいつでもつくり出せるうえ、逆につくるのを邪魔することもできるだろう。

一万年前のシュメール文明で、すでに青銅器は生まれていたかもしれない。だが、危険な武器にもなる青銅器の普及を望まず、自分たちだけでその技術を独占し、「謎の力で、あらゆるものを切断する」神のごとき存在、いや、神そのもののように信じこませて、人々を支配していた存在がいたとしたら――。

神の「教え」だとして、青銅器をつくらせなかっただろうし、もしつくった人間がいたとしたら、「天罰」だとして殺したことだろう。

同様に、古代史を塗り替えた「鉄器」は、青銅器が登場した時期と重なる。だが、この時代の鉄器は「鍛造《たんぞう》」、つまり製鉄がなされていなかった。だから、すぐにさびてぼろぼろになった。長らく「役立たずの金属器」のままだったのだ。

鉄を鉄器として利用するには「鍛造」が必要となる。青銅のように溶かして鋳型《いがた》にはめこんで加工するのでなく、加熱しながらたたき、急速に冷却する「焼き」を入れる。この技術を知らないかぎり、鉄の加工品は使い物にならない。ちなみに、日本の刀を「やいば」と呼ぶのは、「焼いた刃」からきている。

最初に鉄器を発明した、紀元前一五世紀のヒッタイト（現在のトルコ周辺）は、当時、最強国家だったメソポタミア諸国をまたたく間に併呑《へいどん》し、一大勢力となった。

もし、ヒッタイトに鉄器のつくり方を伝授した「謎の知識集団」の存在があったとすれば、辺境国家にすぎなかったヒッタイトの躍進も不思議ではない。

――知っている。

たったそれだけで、これほどの影響力を行使できるのだ。

人類の文明の始まりとされているシュメール文明が起こった紀元前一万年、四大文明が花開いた紀元前三〇〇〇年、そして、古代とは思えない偉大な文明を築いたギリシア・ローマ文明……。

これら文明史をつぶさに調査していくと、その裏で歴史と文明に影響を与えたであろう「謎の知識集団」の影が、どうしてもちらつくのだ。

技術の発展の仕方が、明らかにおかしいからだ。文明のレベルから考えて、あって当然の技術がことごとく消えている。

しかも実際、その痕跡はたくさん残っている。発明はなされていたはずなのだ。にもかかわらず、その技術はすたれて、ロスト・テクノロジー（失われた技術）のまま、ほかの分野だけ過剰に発展していく。

誰かが意図的に、「技術」の発展をコントロールしている。そうとしか思えないことが、あまりにも多すぎるのだ。

私たちの文明は一〇〇〇年遅らされている

私たちがいま享受している二一世紀の文明は、一〇〇〇年前に実現していた。二一世紀は、本当はいまの何倍、何十倍も進歩していたはずだ……。

そんなことを話せば、間違いなく「頭は大丈夫か」と心配されるだろう。

しかし、そうとしか思えないのである。少なくとも一〇〇〇年間、文明の発展は「何者か」によって阻害されてきた。

実際、ギリシア・ローマ文明があのまま発展していれば、断言してもいいが、産業革命は五世紀早まっただろう。七世紀、花開いた唐《とう》文明。一〇世紀に最盛期を迎えたイスラム文明。これらがすんなりと発展し、文明から生まれた技術が次世代にきちんと継承されていただけで、「私たちの二一世紀」はもっと前に到来していた。

しかしギリシア・ローマ文明は、その後のヨーロッパで徹底的に弾圧されて、一四世紀、ルネサンスまで否定され続けた。

当時、世界最高の文明を誇った唐は、安史《あんし》の乱で破壊し尽くされ、その後の五大十国《ごだいじっこく》という戦国時代で、あらゆる革新技術が葬り去られた。

イスラム帝国もまた、モンゴル帝国によって、その技術の多くは灰燼《かいじん》に帰した。

歴史という大河の織りなす運命だった、というのはたやすい。しかし、何か釈然としないのだ。どこか歪められている気がしてならないのである。

もう一度、問いたい。

私たちの現代文明は、いくつかの中核技術によって成り立っている。

① 動力機関（エンジン）

② 電気（発電とモーター）

③銃（武器）
④印刷技術（活版）
⑤西洋医術（麻酔による外科手術、ペニシリンなどの抗生物質、ワクチン）

もちろん、ほかにもたくさんあるが、現代文明のいしずえとなった一五世紀から一八世紀以降に生まれた技術、つまり「ヨーロッパの近代科学」が生み出した技術という点では、この五つが一般的といえるのではないか。

たとえば資本主義は貨幣経済が生み出したが、貨幣じたいは古代から存在している。あくまでもヨーロッパの近代科学から生まれ、その技術によって「世界」を支配したものといえばこの五つだろう。

では、本章の最後に、もう一度質問する。

これらの技術は、どうして近代まで登場しなかったのか、と。

いずれも、それなりの金属加工ができる技術があれば、容易に生まれるものばかりだ。紀元前、ギリシア・ローマ文明時代にすべて登場していて、なんら不思議はなかった。

なぜ、二〇〇〇年も「余分」にかかったのか？

夢の革新技術を封印してきた「アトランティスの末裔」たちが存在する、何よりの証明ではないのか？

次章、これら五つの技術が、どのように封印されていったのかを見ていくことにしよう。

第5章

歴史を裏から動かすアトランティスの末裔たち

現代科学で再現できない「戦艦大和」の秘密

失われた技術には、二つの種類がある。「オーバー・テクノロジー」と「ロスト・テクノロジー」だ。

オーバー・テクノロジーは、その時代の文明の水準から考えて、明らかに優れすぎている技術のこと。一方、ロスト・テクノロジーは、過去に存在していたが、なんらかの理由で消えてしまった技術のこと。時代の最先端を行きすぎて消えたのか、消えるべくして消えたのか、その点を区別する必要がある。

いくつか例をあげながら説明しよう。

有名な話だが、戦艦大和《やまと》の主砲は、現在の科学では再現できない。旧日本海軍が製造した戦艦大和は、当時、世界最大の排水量に加えて、口径四六センチという巨砲を積んでいた。

その巨砲を削ったドイツ製の旋盤機《せんばんき》は、いまも兵庫県の金属加工メーカーが動態保存、つまりいつでも動かせるような状態で残している。また、主砲の素材となる鉄鋼は、製法もふくめて鉄鋼メーカーが持っている。それでも再現できないのはなぜか。

それは、鉄鋼を削り出す「職人」がいなくなったからだ。

大砲の威力を強めるには、口径を大きくすればよい。火薬をたくさん詰めこみ、巨大な弾丸を撃つ。ただし、口径が大きくなるほど、砲塔にものすごい爆圧がかかる。そこで、その時代においてもっとも堅い鋼材を使う。ちなみに、日本の一〇式戦車の砲塔の素材は、原子炉で使われている鋼材を使っている。

堅い鋼材を削ると、摩擦熱によって鋼材の性質が劣化する。そうならないように、冷却と削り出しをくり返す。この見きわめが、高度な「職人技」なのだ。

戦前の武器といえば、大砲が主力だった。たくさんの職人が、毎日いろいろな大砲を削っていた。そのなかでもっとも腕のいい職人が、大和の主砲を削った。ところがいまは、それほど大砲の需要はない。ミサイルやロケット弾でじゅうぶんだからだ。そのうえ、大和の四六センチ砲の威力は、いまや半分の口径でできるようになった。

つくる意味がないから、つくる人もいなくなった。

失われた技術というより、「捨てた技術」なのだ。

同じような例として、一九七〇年代のアポロ計画で活躍した「サターン・ロケット」（シリーズV）がある。サターン・ロケットは、二一世紀の現在まで「人類がつくった最高の工業製品」と呼ばれている。実際、サターン・ロケットの一段目は人類史上最高出力のエンジンで、これはいま現在、誰もつくることはできない。サターン・ロケットは、オーバー・テクノロジーのかたまりなのだ。

サターン・ロケットには、一二〇トンの衛星を打ち上げる能力があった。日本のHⅡA型ロケットの六倍に相当する。実際、サターン・ロケットの一段目は、HⅡAの主力レベルのエンジンを五本組みこんでいる。

ロケットは、どんなに信頼性の高いものでも、一〇〇回に一回は失敗する。サターンは一段目に五本、二段目にも五本、大型エンジンがついている。それでも失敗することなく打ち上げてきたのは、「ロケットの天才科学者」ヴェルナー・フォン・ブラウンがいたからだ。

彼はナチスドイツで、V2ロケットを製作。戦後は米国に渡り、何万基というICBM（大陸間弾道ミサイル）をつくった男だ。ある意味、彼はロケット製造の「天才職人」である。

ゆえに、彼がいなくなればつくれないし、使えなくなる。フォン・ブラウンという「奇跡」が、五〇年先の技術「オーバー・テクノロジー」を無理やり実現させたわけで、今後、彼のような天才が登場しないかぎり、サターン・ロケットの発展は止まる。彼の死によって終わるのだ。

しかし、需要があれば技術は進んでいく。たしかにサターン・ロケットの進化は止まったが、それに代わる別の技術はどんどん生まれているのだ。

二〇一四年七月、打ち上げに初成功したロシアの「アンガラ・ロケット」は、最終的に七本のロケットを束ねて、一二〇トン級の打ち上げ能力を備える計画になっている。このアンガラ・ロケットは、「酸素リッチ」にすることでサターン型の倍の出力を実現。技術的な課題をクリアした。

必要な技術は、別のアプローチで発展していく。生物の進化と同じで、発展性のない技術は捨てて、より発展性のある方向へ活路を見出すわけだ。

太平洋を横断する「地下トンネル列車」

大和の主砲は「捨てた技術」。サターン・ロケットは、発展性のないオーバー・テクノロジーゆえの「自然消滅した技術」だった。

ところが、である。こうした失われた技術のなかには、どうして消えたのかわからないものが存在する。

その代表的な存在が「ローマン・コンクリート」だ。ローマ帝国時代、ローマの建築を支えたセメント（モルタル）のことだ。

ローマン・コンクリートは、既存のコンクリートに比べて軽いうえ、はるかに長持ちする。しかも、素早く乾燥するのですぐに使える。それでいて強度は二倍だ。

耐久性は比較にもならない。一般のコンクリートの寿命が五〇年程度なのに、二〇〇〇年、いや、三〇〇〇年は持つともいわれている。イタリアには、ローマ時代の建造物がいまも使える状態で残っているが、それが何よりの証拠だ。

こんなすばらしい技術が、ローマ帝国崩壊後、なぜかあっさりと消えた。七世紀ごろから消え始めて、一二世紀には完全に消滅したのだ。

もし、ローマン・コンクリートの技術が現存していれば、間違いなく街の風景は一変するだろう。

とくに変わるのはトンネルや橋。強度が高く、耐久性に優れて加工しやすいローマン・コンクリートがあれば、たとえば日本と韓国をトンネルや橋で結ぶことも可能だ。二〇二七年、東京・名古屋間で開業予定のリニアモーターカーならば、同じ費用で札幌から福岡まで結ぶことができる。日本列島を二時間で縦断できるのだ。

ある人物から、こんな話も聞いたことがある。

太平洋を横断する「地下トンネル列車」が存在するというのだ。トンネル内を真空にすることで、空気抵抗をゼロにして超高速で移動する。香港からサンフランシスコまで、一時間もかからない。

乗ることができるのは、ごく一部の特権階級だけ。つまり「闇の支配者」、アトランティス

ローマン・コンクリートでつくられた神殿「パンテオン」
(S-F / Shutterstock.com)

の末裔のみだ。すでに太平洋だけでなく、世界各地の都市が地下トンネルで結ばれ、「真空地下鉄網」が築かれているという。

真空内を移動する列車の構想は、大戦末期、旧日本軍が「弾丸列車」という名称で研究し、実験にも成功していた。その構想がもとになってできたのが、そもそも新幹線なのだ。

この「地下トンネル列車」をつくるにあたって、一番の技術的なネックとなるのは、トンネルの建設である。しかし、ローマン・コンクリートさえあれば、ほとんどの課題はクリアできる。ようするに、あとはコストの問題だけとなるのだ。

それだけではない。エベレストの頂上までの道路もできるし、八〇〇〇メートル級のヒマラヤ山脈の頂上から頂上に橋を架けたっていい。ローマン・コンクリートなら、いままで建設できなかった場所に、大きな構造物をつくることができるのだ。

じつは近年、このローマン・コンクリートの再現を目指し、研究開発が進んでいる。その名も「ジオポリマー型セメント」。ローマン・コンクリートほどではないものの、かなり近いところまできている。

ローマン・コンクリートは一般のコンクリートと違い、石灰ではなく火山灰を使う。それに固着材としてアルミニウムを添加。ほかにも謎の添加物がたくさん入っているというが、ある程度、似たような性能のセメントはつくれる。

ジオポリマーの実用化研究は、日本がトップランナーだ。火山灰が豊富にあるからで、鹿児島大学は「シラス」と呼ばれる火山灰の有効利用につながるとして研究を進めている。

なんとすばらしいことだろう——そう思ったところで、やはりいつものメンバーが登場する。DARPAである。

彼らはジオポリマーの研究を、米軍の最重要開発技術に指定。さらに外部への流出、つまり民間利用を制限すべく、すでに活動を開始しているのだ。

米軍自慢の武器に「バンカー・バスター」がある。アフガニスタンやイラクで使用された最新兵器で、地中深く建設した敵の地下基地を破壊するためのものだ。なんと、二〇メートルの厚さのコンクリートをも突き破るという。

しかし、ジオポリマーが普及すると、この兵器が役に立たなくなる。だから民間は使うな、というわけだ。

その一方で、彼らは前線基地の建設材として、ジオポリマーの独占を狙っている。ブルドーザーで地面を簡単にならし、そこにジオポリマーを流すだけで、大型輸送機や爆撃機が離発着できる最高レベルの滑走路ができる。行軍しながら頑強な橋をかけ、道路をつくり、基地まで建設できる。軍にとっては、夢の建設資材だ。

すでに彼らは「セメント・メジャー」と呼ばれる、ラファージュ（フランス）、ホルシム（スイス）、セメックス（メキシコ）、ハイデルベルクセメント（ドイツ）、イタルチェメンティ（イタリア）らと結託、ジオポリマーのパテント独占を計っている。

ローマン・コンクリートという人類を幸福にする「夢の技術」の封印は、すでに始まっている。いや、とっくの昔から続いていたのである。

〝彼ら〟に封印された「ローマン・コンクリート」

なぜ、数々の革新的な技術を持っていたギリシア・ローマ文明を、中世ヨーロッパは、あれほど毛嫌いしてきたのだろうか？

ギリシア・ローマ文明の再評価がなされたルネサンスは、一二世紀から一四世紀にかけて。その間にギリシア・ローマ文明の叡智の数々は、ほとんどが消え去った。まるで消えるまで待っていたかのようだ。事実、ローマン・コンクリートの製法は完全に消えている。

考えれば考えるほど、本当にわからなくなる。

最大の「歴史の謎」は、当のイタリアで製法が消えた理由だろう。ある文献にはローマン・コンクリートの素材となっていた「ポッツオーリの塵《ちり》」と呼ばれる原材料をとり尽くしたから、とある。ポッツオーリの塵は、火山灰にアルミニウム（ボーキサイト）が混じっていた。これが枯渇したから、つくれなくなったというわけだ。

だが、だまされてはいけない。巨大な版図《はんと》を持っていたローマ帝国で、いちいちポッツオーリの塵を運んでいたとでもいうのだろうか。ローマ人たちは、どんな火山灰からでも、ローマン・コンクリートをつくり出せる製法を持っていたはずなのだ。

実際、ローマン・コンクリートは、エジプトのピラミッド建設にも利用されていた。ピラミッドは、石を切り出し、積み上げてつくったのではない。ピラミッドの上で、正方形のローマン・コンクリートを固めて、並べてつくったと考えられているのだ。

また、建設当時、ピラミッドの壁面は化粧石で飾られていたことがわかっているが、これもローマン・コンクリート製だったと最新の研究で判明している。後年、誰かがローマン・コンクリートの存在を隠そうとして、全部はがしてしまったようなのだ。

ローマン・コンクリートは、どう考えても消えるような技術ではない。これだけ実用性が高いのだ。きちんと継承されていれば、原材料が枯渇しようと、その代替品で今日まで続いていたはずだ。それをどこかの誰かが、ローマ帝国崩壊の混乱に乗じて、この製法と、この製法を知る技術者を、徹底的に抹殺して封印したとしか思えないのだ。

その犯人は誰なのか？

その質問は、ローマ帝国後のイタリアの支配者が誰なのかを考えればすぐにわかる。

バチカンである。正確には、そのバチカンを支配していたアトランティスの末裔、「闇の支配者」だろう。

奴らに潰され、消された革新的技術は、ただのロスト・テクノロジーではない。「奪われた技術」「封印された技術」、そう呼ぶべきなのだ。

西洋医学もまた歪められてきた

人類が発見、発明した「革新的技術」を封印してきた勢力が存在する。

その視点で、改めて歴史を眺めていくと、これまで見えてこなかった「真実」が浮かび上がってくる。

そのひとつが医療、先にも紹介した西洋医学の異常性だ。

西洋医学は人類史上、もっとも偉大で成功した医療体系――私たちは、そう思ってきた。いや、思わされてきた。

たしかに、西洋医学が何億人もの命を救ってきたのは事実だ。なかでも抗生物質の「ペニシリン」と、天然痘を撲滅したワクチンは、西洋医学において最大の成功といえるだろう。

ペニシリンは、一九二八年、英国の細菌学者、アレクサンダー・フレミングによって生まれた。フレミングがブドウ球菌の培養をしていたとき、たまたま青カビが繁殖、ブドウ球菌が死滅した。そのときフレミングは、こう考えた。カビが生えるとほかの菌が死ぬのは、カビから菌を殺す「成分」が出ているからではないか……。

その後、長年にわたり研究を続けたフレミングは、ペニシリンを抽出することに成功。一九四〇年代に入って、量産化（製品化）をなしとげた。第二次世界大戦に間に合ったことで、ペニシリンはたくさんの人の命を救った。

また、ワクチン療法を生み出した英国の医師、エドワード・ジェンナーは、一八世紀末、牛飼いが牛痘《ぎゅうとう》に感染すると天然痘にかからないことに着眼。わざと牛痘に感染させることで天然痘を予防した。これが今日でいうワクチン療法の出発点となる。ジェンナーは自分の息子で「人体実験」をしてまで、この療法の研究に尽力した。

フレミングもジェンナーも、たしかにすばらしい功績を残した。しかし、革新的技術を封印するアトランティスの末裔たちが存在している以上、こうした「美談」を素直に信じるわけにはいかない。

改めて問おう。本当に、彼らが「発見」するまで、ペニシリンもワクチンも存在しなかったのか、と。

「明治時代の小保方晴子」になりかけた北里柴三郎

近代細菌学は、「治療法」を研究してはならない。研究した成果は世間に公開してはならない。その発表時期は、意図的に管理されている。

こうした疑念が浮かぶのには理由がある。

コッホとパスツールたちがつくり出した「近代細菌学」は、ワインの品評会で産地と年代を当てるゲームのように、「この病気の菌は、この菌でした」という〝菌当て競争〟ばかりやっていて、肝心の治療法にまったく無関心だったからだ。

まさか、と思うだろう。残念ながら事実である。

実際、細菌由来の病気の治療法を確立したのは、一八八五年に東洋の島国からひょっこりベルリン大学にやってきた、三三歳の若者だった。しかも、研究を開始してからたった二年かそこらで完成させてしまった。

北里柴三郎《きたざとしばさぶろう》の血清療法《けっせい》（一八九〇年）である。

ベルリン大学に留学した北里柴三郎は、コッホから「破傷風菌の治療法」の研究を命じられる。そこで北里は、破傷風菌の出す毒素を薄めながら投与して耐性をつけさせ、その血液から血清をとり出す方法を編み出した。

毒は少量ずつ与えれば耐性がついて、致死量を超えても死ななくなる。この程度の知識は医者のいろはだ。当時、すでに輸血技術も確立していた。北里としては、とりあえず「耐性を持った血清を投与すればどうなるのか」と試してみたにすぎない。

似たような話がまだある。

ペニシリンが開発される前、梅毒《ばいどく》の治療法は事実上、存在しなかった。そんななか、一九〇八年、ベルリン大学にやってきた日本人研究者の秦佐八郎《はたさはちろう》が、わずか一年で梅毒の化学療法を確立した。梅毒治療薬「サルバルサン」の開発である。

これも難しい話ではない。濃縮培養した梅毒の病原体に、当時存在していたあらゆる物質を投与、その反応を見て、効果がある物質を探し出しただけの話なのだ。

そうして秦は、ヒ素由来の物質に効果があると気づき、効果的な投与方法をつくった。たしかに根気のいる地道な作業だが、別段、難しい技術は必要としない。一九世紀半ば、近代細菌学の黎明期の技術でじゅうぶんなのだから、やはりその気になって研究していれば、梅毒の化学療法と治療薬は、一九世紀中にできていたことになる。

北里柴三郎、秦佐八郎、彼らの業績を否定する気はさらさらないが、彼ら自身、どこかで疑問を持っていたのではないだろうか。

なぜ、自分たちが試す前に、この程度の研究を誰もやっていなかったのか。ここは世界最高の研究機関のはずなのに、と。

北里柴三郎（1853−1931）

いずれにせよ、北里と秦の「偉大な業績」は、ヨーロッパ最先端の細菌研究機関において、治療法の研究がまったくされていなかった何よりの証拠となる。
とくに北里の件は、明らかに「東洋の未開人に何ができる」という差別意識があった。「絶対にできない」と高をくくっていたのだろう、北里の研究発表を許した結果、細菌由来の病気に治療法があることが世間に知れ渡ってしまった。北里は発表まで、血清療法の存在を師匠のコッホにも秘密にしていたという。

その後の北里柴三郎は、業績から考えて、あまりに理不尽な待遇を受け続けた。とくに「ベルリン大学日本総督府」ともいうべき旧東京帝国大学医学部は、徹底して北里潰しを行ない、医学界から追放しようとさえした。事実、北里が設立し、秦も所属していた「伝染病研究所」は解体されてしまった。

うがった見方をすれば、「夢の革新技術」を世間に公開した罰として、ベルリンから「北里潰し」の指令があった——そんな想像さえ浮かんでくる。

北里柴三郎は、「明治時代の小保方晴子」になっていた可能性もあったのだ。

「ワクチン」も意図的に隠されてきた

ワクチン療法も、普及を意図的にとどめられてきた可能性は高い。

ジェンナーの牛痘接種は一八世紀の末、一七九六年からだった。

ところが、じつはヨーロッパよりはるかに医学の進んでいたイスラム圏では、一八世紀初頭には天然痘ワクチンが確立していた。天然痘患者の疱瘡《ほうそう》から膿《うみ》をとり出し、注射を使って投与していたのだ。

ところがヨーロッパでは、この治療法が意図的に歪められ、「悪魔の治療」とされてしまった。だから普及しなかった。

天然痘患者には、症状が重篤な者と、軽度な者がいる。イスラム医学では、症状が軽度な患者の疱瘡を利用してきた。これは「不活性化」といって、重篤化しにくい菌やウイルスを使うことで安全性を高める免疫療法の基本。西洋医学では、この方法を確立したのはルイ・パスツールとされている。

イスラム医学は、実践的かつ実用的な医学なので、「理論」よりも経験則にもとづく結果を重視する。理由はわからずとも「症状の軽い患者の疱瘡を使いなさい」でじゅうぶんなのだ。しかしヨーロッパでは、その情報が抜け落ちていたために、たびたび被接種者が死亡した。それをもって、「悪魔の治療法」だと弾圧されてしまったのだ。

そこでジェンナーは、重篤化しにくい牛痘の代用を思いついた。ジェンナーは、いわゆる町医者だ。たくさんの天然痘患者の死を看とってきた。なんとか人々を助けたい、という思いからイスラム式ワクチンに代わる治療法を研究し続けてきた、じつに立派な人物である。

ゆえに、彼もまた弾圧された。

牛痘ワクチンを接種すると、「牛になる」「別の病気で早死にする」といった誹謗《ひぼう》中傷《ちゅうしょう》をさんざん受け、医師の職すら追われそうになった。自分の息子を「人体実験」に使わざるをえなかったのも、そうした背景があるのだ。

それでも、天然痘が猛威をふるっていた当時、「実践的」なジェンナーの牛痘ワクチンは「結果」を残すことで認められていく。ある意味、運がよかったのだ。

逆にいえば、ジェンナーのワクチン療法は封印される一歩手前だった。

もっといえば、牛痘にかかった牛飼いが天然痘で死なないことは、昔から多くの人に知られていた「常識」だった。牛は有史以来の家畜だ。牛痘と天然痘の関係は、経験からなんとなくわかっていた。わざと牛痘にかかる、という民間療法は、とっくの昔からヨーロッパ全土で行なわれていたのだ。

それが近代医学、つまり西洋医学の登場で、その民間療法が「科学的」でないとされてしまった。おまけにキリスト教によって、「人を冒とくするもの」「やってはいけないこと」とされてしまった。

効果的な治療という点では、近代医療の登場前のほうがよかったぐらいなのだ。

私たちは西洋医学を「科学的」で「実用的」だと思いこんでいる。

そんなことはない。医学史をひもとけば、ギリシア・ローマ文明以降、ヨーロッパの医学は世界的に見て、もっともレベルが低かった。

医療は「結果」がすべて。理論の裏づけがあろうがなかろうが、病気やケガが治ればいいのだ。科学的にありえない、間違っているとしても、それで治るなら立派な「医療」である。

拙著『人殺し医療』でも紹介した、「脚気《かっけ》」が典型的な例であろう。

脚気は、ビタミンB類の不足で起きるビタミン欠乏症だ。江戸時代、白米食が広がったことで、米ぬかにふくまれるビタミンが減り、多くの人が脚気になった。しかし、当時の医師、漢方医たちは、玄米や雑穀を食べれば脚気が治ることを経験で知っていた。ようするに、一種のぜいたく病なのだ。治療といっても「玄米を食べろ」と、立ち話ですんだことだろう。

ところが明治維新後、日本はドイツ医学を全面的に導入する。ドイツ医学界は、脚気を「脚気菌由来の病気」と認定。日本の医師たちに脚気菌の発見を命じ、さらに民間療法である玄米食療法を禁じた。その結果、日本は脚気で大量の死者を出してしまう。日露戦争では、二五万人の脚気患者を生み出した。銃弾より脚気の被害のほうが大きかったのだ。

治療効果のある玄米食療法は「未開」であると完全否定して、ありもしない「脚気菌」を探させる。患者からすればどちらがいいか、説明するまでもあるまい。

一〇〇〇年進んでいた「イスラム医学」

それに比べ、西洋以外で生まれた医学は、経験則を重んじた実践的なものが多い。西洋医学よりも、断然役立つ医療ばかりなのだ。

たとえば古代中国では、今日まで続く鍼灸《しんきゅう》や漢方といった「中医学」が生まれた。有名なところでは、「三国志」に登場する華陀《かだ》という人がいる。三世紀、曹操《そうそう》の御典医《ごてんい》だったことで知られる華陀は、中医学の最高峰とされ、アヘンと大麻、チョウセンアサガオなどを使った麻酔薬で、外科手術や皮ふの移植といった数々の医療を行なった。

インカ帝国をはじめ、中南米の文明では、コカを使った麻酔で開頭手術をした頭蓋骨が、多数見つかっている。手術後の頭骨が成長していることから、術後も長期間、生存していたこともわかっている。

ほかに医学が花開いたのは、イスラム帝国であろう。

イスラム医学は、ヨーロッパで否定されたギリシア・ローマの医学が伝わり、その後、中国医学、インド医学が合わさって、独自の形へと発展した。まさに、偉大な文明の集大成ともいえる医学なのだ。

そのイスラム医学は、一〇世紀前後、最盛期を迎える。アヘンを使った外科手術、伝染病の予防体制、アロマや生薬を使った医薬品……。礼拝所であるモスクには、薬局や病院が併設され、誰もが気軽に医療を受けることができる体制までつくり上げていた。

その医療レベルは、一九世紀の西洋とまったくそん色ない。つまり、一〇〇〇年早く、近代的な医療体制があったのだ。

実際、近代西洋医学は、ギリシア・ローマ文明の「正統後継者」となったイスラム医学の技術がベースとなっている。アルカリ、アルコール、シロップ、アルケミーといった医学用語の多くに、アラビア語由来が多いのはそのためだ。

もしイスラム医学が、すんなりヨーロッパに導入され、世界へと広がっていたとすれば、当時の医療体制は、五〇〇年、いや一〇〇〇年、針が進んでいたことだろう。

だが、そうはならなかった。

一二世紀、モンゴル帝国の侵入で、イスラム医学は一度、徹底的に破壊されたとされている。バグダッドの「知の図書館」が戦争で灰燼に帰したからだ。しかし、ここにも「謎」があって、モンゴル側は図書館を破壊していないという。事実、占領後はイスラム医学を保護している。何者かが混乱に乗じて破壊した可能性があるのだ。

一九世紀以降、ヨーロッパが覇権を握り、アラブ諸国を支配すると、イスラム医学は徹底的に潰された。その技術や情報、過去の叡智の数々は「未開の医学」のひとことで完全否定された。先ほども説明したように、イスラム医学は医学的根拠、科学的な実証にそれほどこだわらない。そこを突かれてしまったのだ。

いずれせよ、これほどすぐれた医療体制が、どうして一八世紀以降、突如として衰退してしまったのか。医学史には、イスラム教それじたいが、キリスト教より科学を否定しやすいから、といった説明が多い。

ここでもだまされてはいけない。

実践的な医学を潰したかった連中がいたのだ。人類の経験則から生まれた叡智を「封印」するために……。

イスラム医学は、西洋医学に対抗する医療体系だ。そんなものが併存していれば、いつどこで「革新的な夢の技術」が飛び出すかわからない。

医療についての情報は、「西洋医学」によって一元《いちげん》管理する。そして、あらゆる研究成果をコントロールする。そのほうが彼らにとって都合がよいのだ。

西洋医学の最大の特徴が、「ギルド」的体質にあることも説明がつく。

ギルドとは、中世ドイツで生まれた職業組合のこと。ギルド内では情報を共有する一方、ギルド内の情報を外部に漏らせば死をもって償わせる。また、親方と弟子の徒弟制度は「絶対服従」が条件で、逆らうことは許されない。

「医局マフィア」という言葉を聞いたことがあるだろうか。名門大学医学部の教授を頂点に築かれた組織のことで、いわゆる「白い巨塔」の世界のことだ。

医療の世界はマフィアというよりも、上意下達《じょういかたつ》を徹底した「軍隊」に近い。ゆえに医療ギルド、つまり西洋医学のトップを支配すれば、医療全体をコントロールできる。世界のあらゆる民間医療を潰し、西洋医学一色に染め上げれば、世界中の医療体制に影響力を行使できる。

こうして医学の針は、大幅に遅れることになった。

「予防医学」を捨てた近代西洋医学の過ち

西洋医学の最大の問題は、「予防医学」を捨ててきたこと——この一点に尽きるといっていい。

先に紹介した古代中国医学、古代インド医学、その集大成であるイスラム医学は、逆に「予防医学」が中心となって発展した。

たとえば華陀のいた古代中国では、医者の給料は、担当するエリアの市民の「健康度」で決まっていた。市民が健康ならば、みんなきちんと働いて税金を払う。すると税収が増える。それで医者の給料が上がる。

当然、医者は市民を健康にすべく、病気にならないようあれこれと便宜をはかった。そうして古代中国では鍼灸が生まれ、按摩《あんま》が発達し、漢方薬が発展した。中医学が「医食同源」を基本としているのも「働ける人をできるだけ増やす」という発想から生まれている。

この発想は、インド医学もイスラム医学も同じ。病気にさせないことを、第一の目的としている。

何もせず放っておけば、いずれ人々は病気になって働けなくなる。働かないと税金も払えない。税収が減り、医者の給料も下がって、いずれにはクビになる。とにかく人々を病気にしないこと。そのために、伝染病をできるだけ予防する。病気になった人は、働ける程度まで回復させる。これが「実践的な医学」の基本システムなのだ。

ところが近代西洋医学は、この「予防医学」を捨ててきた。軍隊は例外的に予防医学を導入したが、市民社会では「治療行為」を中心に金もうけをしてきた。

こうして私たちはだまされてきたのだ。

たとえば日本も、医者をはじめとする医療従事者や、厚生労働省の役人の給料を、健康保険から支払われるようにすればよい。予防医学を実践して、治療行為を減らしていけば、健康保険は余る。その余ったぶんを、医療関係者が給料として受けとる。

そうなれば、できるだけ病人を出さない、つくらないことが最優先になる。医療費をせしめるために長々と入院させることも、薬漬け、検査漬けにすることも、過剰な手術を行なうこともなくなる。そんなことをしてもまったくもうからないどころか、逆に給料が減ってしまうのだから。

考えてみれば、古代中国、インド、イスラムで当たり前のように存在した予防医学システムは、いったい、いつから消えてしまったのか。

その答えは、いうまでもなく近代西洋医学の登場からである。

西洋医学は、病気にしないことをビジネスモデルとする予防医学を破壊して、その代わりに治療によって収益をあげるという、新しいビジネスモデルを全世界に広げてきた。そのために、邪魔なイスラム医学を徹底的に潰したのである。

一〇世紀のイスラム医学は、八世紀以上進んだオーバー・テクノロジーだった。ゆえに、アトランティスの末裔によってロスト・テクノロジーとされた。

まさに「奪われた技術」だったのである。

第6章

人類の文明はこうして歪められてきた

なぜか進歩が遅れた「銃」の歴史

ここまで見てきたように、「闇の支配者」は、人類の発展を大きく歪めてきた。その一例として、前章では「医学」の歴史を紹介した。

次に紹介したいのが「銃」の歴史だ。金属加工の技術と火薬の発見があれば、銃はそれほど難しい発明ではない。原理としては、鉄の筒をつくって火薬を入れ、鉄の玉を撃ち出す装置にすぎないのだ。

しかし、銃が兵器の主役に躍り出たのは一五世紀になってから。オスマン帝国が主力部隊に採用してからだ。ヨーロッパに広がるのは一六世紀にかけて。ヨーロッパから日本に伝来したのは、一六世紀末だった。案外、新しい武器なのだ。

世界の三大発明に数えられる火薬の発明は、七世紀の唐の時代とされている。しかし、五世紀の東ローマ帝国には「ギリシアの火」と呼ばれる火薬を使った数々の兵器があった。火薬の存在じたい、「燃える土」として、それ以前から知られていた。

なぜ「銃」の発達は、これほど遅れてしまったのか?

ここに何かの「意図」を感じざるをえない。

もちろん、銃は人類をもっとも殺傷した兵器だ。こんな悪魔の兵器の発明が遅れ、発展しなかったことは、人類にとって「いいこと」――そう思いがちだろう。

私たちは、ここでもだまされているのだ。

銃の歴史は、必ずしも殺りくの歴史だけではない。もうひとつ、銃が普及していく過程で、必ず起きることがある。それが奴隷制度の廃止、市民の権利の向上といった、いわゆる「市民革命」なのだ。主権が国民に移る、民主主義の母胎が「銃の普及」なのである。

そう説明すると、意外に思うかもしれない。だが、まぎれもない事実なのだ。

銃という兵器の持つ最大の特徴は、「誰でも簡単に人を殺せる」という点にある。それゆえに大量殺りく兵器にもなりうるが、庶民を武力で支配した「武人」との格差を是正するという側面もあった。

実際、銃が普及する以前の武人階層――ヨーロッパなら騎士、日本なら武士たちは、一般庶民に比べて圧倒的な殺傷能力を持っていた。重い甲冑《かっちゅう》を着こんで剣や弓、槍を使うには、子どものころから厳しい訓練が必要。ましてや揺れる馬上で武器を使うなど、何も訓練をしていない一般人が、おいそれと真似できるものではない。スポーツでいうならば、プロとアマぐらい違うのだ。

少数の武人で多数の庶民を従え、その武人をさらに少数の権力者、つまり貴族や王族が庶民から吸い上げた税で養う。これが封建制度であり、王権の基本的な構図となる。それに逆らえば武力をもって奴隷にされ、あらゆる人権を奪われる。

とはいえ武人階層は、基本的に生産に寄与せず、金ばかり使う。また、武人階層が力を持ちすぎると内乱が始まるので、権力者たちは軍事力に一定の歯止めをかけざるをえない。

それを一変させたのが「銃」なのだ。銃で武装させれば、一般庶民も簡単な訓練で「兵」になる。「徴兵」によって、効率的かつ安定的に軍事力を維持することができる。

ここで重要なのは、軍隊の中心が庶民で構成されるようになると、権力者が庶民を奴隷のようにこき使ったり、重税を課したりすることができなくなる点だ。自分たちの家族を苦しめる権力者に、忠誠を誓うはずはあるまい。そんなことをすれば間違いなく離反して、軍事クーデターが起こる。つまり、庶民を優遇する必要が出てくるのだ。

それだけではない。国民の教育制度も充実する。最低限の読み書きや学力を身につけさせ、命令や指示を理解できるようにしておかないと、軍として機能しないからだ。

これが「義務教育」の始まりである。

国家による国民への教育は、「徴兵」とセットなのだ。

その結果、ある程度の戦闘能力と学力を持った「市民」が急増することになる。それは奴隷の解放や、市民の権利の拡大へとつながり、最終的には憲法の制定をはじめとした国民主権の社会につながる。

これが「銃の歴史」に隠された、もうひとつの真実だ。

銃の存在が「市民社会」を生んだ

このことは歴史が証明している。

一五世紀半ば、初めて銃を本格導入したのはオスマン帝国だった。

オスマン帝国の軍隊は、モンゴル帝国や、アラブや、トルコの遊牧民族の流れをくんでいるため、馬に乗った騎兵を中心に構成されていた。武人階層は、伝統的な弓こそ騎士のほまれであり、馬を怯えさせる銃の使用を絶対に認めなかった。

そこでスルタン（皇帝）は、銃で武装する兵士に「イエニチェリ」という奴隷階層を起用した。イエニチェリとは、オスマン帝国領内におけるイスラム教に改宗したキリスト教徒のことで、その地位は一般の国民よりもはるかに低かった。軍隊では、基本的に兵站《へいたん》、荷物運びや土木工事がおもな仕事だった。それが銃で武装した、世界初の「火力歩兵」となった。

銃で武装したイエニチェリの軍隊は、当時、中近東からヨーロッパにかけて、負け知らずの最強の軍隊となる。たびたびヨーロッパ周辺国の領土を切りとり、一六世紀以降、帝国に広大な版図を築くことになる。

こうして影響力を増したイエニチェリは、オスマン帝国末期になると事実上、国政の実権を握る。オスマン帝国は「奴隷」によって支配された帝国だったのだ。

オスマン帝国の躍進に影響を受けたヨーロッパも、一七世紀にかけて銃が急速に普及する。それにともない、やはり市民の地位が向上。結果として、一八世紀末の一七八九年、フランスで市民革命が起きたのである。

その市民革命で、ナポレオン・ボナパルトは「国民軍」を創設。当初、農民に武器を持たせたところで何ができる、と軽視されていたが、ナポレオン率いる国民軍は、次々とヨーロッパ列強をなぎ倒した。

勝因は、ナポレオンがいち早く国民兵たちに「教育」をほどこしたからだ。国民兵の弱点は、簡単な読み書きができないこと。これに気づいたナポレオンは、国民に全国一律の教育をほどこした。これが現在まで続く「義務教育」の始まりで、義務教育を受けた国民兵の作戦行動は格段に進歩する。貴族や騎士で構成されたヨーロッパの国々を、まず兵士の数で圧倒し、さらに緻密《ちみつ》な作戦でたたきのめしたわけだ。

日本でも明治維新後、国民皆兵《かいへい》と義務教育をセットで導入した。

江戸時代、日本人の識字率は七割を超え、この時代では世界一の水準にあった。武士階層には藩校、庶民には寺子屋と、じゅうぶんな教育制度が整っており、たんに西洋の最新学問に対応するだけなら、国が専門学校を増やせばよかった。

それでも全国一律で義務教育を導入したのは「国民皆兵」のためだ。

明治維新後、日本の軍隊は西洋式になった。ところが、全国から兵士を徴兵して部隊をつくるとなると、まず言葉の壁が立ちはだかる。方言の違いによって、意思の疎通がうまくできないのだ。読み書きなど、学力にも地域差が出る。そこで国の定めた「学校」で、標準語と軍隊で必要な基礎学力、さらに集団行動を教えた。

銃で武装したイエニチェリ

義務教育とは、国民を徴兵可能な兵士予備軍にすることが本来の目的なのだ。とはいえ、兵士としての訓練を受け、なおかつ読み書きのできる人が増えていけば、政治や社会への関心、参加意識も高まり、国家に対する影響力も増していく。

もうおわかりだろう。銃の普及は、社会構造の変革をうながすのだ。

一九世紀になるまで、国民主権の「市民社会」が誕生しなかったのは、銃の普及が遅かったからともいえるのだ。

古代文明に残された「火薬」の痕跡

本章の最初に述べたように、銃をつくるのはそれほど難しくない。火薬さえあれば、簡単にできる。事実、七世紀、黒色《こくしょく》火薬が発明された唐では、同時期に銃が発明されている。

当時、世界でもっとも繁栄していた唐は、シルクロードを通じてヨーロッパ社会と交易していた。銃と火薬の技術も、ヨーロッパに渡っていただろう。なのに、どうして普及しなかったのか。

もっといえば、火薬の存在は、ヨーロッパや西アジアでも古代から知られていた。紀元前のギリシア・ローマ文明、それ以前の地中海諸国の文明で銃が登場していても、決して不思議ではないのだ。

火薬の原材料は、硝石《しょうせき》と硫黄《いおう》と炭である。

硝石は、それほど珍しい鉱物ではない。中国内陸部や西アジア、スペイン、イタリア、エジプト、アラビア半島、イラン、インドなどでは、いくらでも採掘できる。土壌にむき出しになっている場所も多い。

それだけではない。「グアノ」からも簡単に採取できる。グアノとは、海鳥がコロニー（繁殖地）をつくった島などに堆積した糞《ふん》のことで、古代から最高の肥料として使われていた。グアノを掘っていると、結晶化した硝石が同時にとれるのだ。

また、硫黄は、火山の近くでいくらでも集めることができる。

なぜ、それでも銃が普及しなかったのか？

兵器の歴史書では、弓、とくに「複合弓《ふくごうきゅう》」（コンポジット・ボウ）が、あまりにも進歩したからだと説明している。複合弓は、モンゴルやトルコ、アラブなど、とくに遊牧民の間で異常ともいえる発達をとげた弓のこと。木材だけでなく、動物の骨や腱《けん》、皮革など、反発力の違う素材を組み合わせた強力な弓で、馬上で使える小さなサイズでありながら、その威力はすさまじかった。

とくにモンゴル帝国時代の弓は、六〇〇メートル以上の飛距離を誇った。これはカーボンなど、現代の新素材を使った複合弓と比べてもそん色ない。つまり弓は、一〇世紀にして最高レベルまで完成した「オーバー・テクノロジー」なのである。

モンゴル弓は扱いが難しいとはいえ、登場したばかりの銃など比較にならないほど強力だった。そもそも、北方騎馬民族の複合弓に対抗しようとして登場したのが、唐の火槍《かそう》と呼ばれる銃なのだ。

弓と銃の戦いは、周知のとおり、複合弓を武器にしたモンゴル帝国の圧勝で終わった。中国大陸はおろか、ユーラシアの大半を制圧した複合弓によって、七世紀に登場した銃は、表舞台から消えるしかなかったのだ。

ちなみに複合弓は、紀元前二〇〇〇年ごろに現れた謎の部族「ヒクソス」——別名「羊飼いの王たち」を起源としている。

昨今の研究によるとヒクソスは、アトランティスと関わりの深いクレタ文明や、ミノア文明を受け継ぎ、古代バビロニアから古代イスラエルをつくったヘブライ人の祖ではないかという説もある。

古代ユダヤは、言語学的に原トルコ系のアラヤマ語（アラム系言語）だが、いまのヘブライ語はアーリア系、いわゆるインド・ヨーロッパ語の系統だ。そして、このヒクソスもまた、インド・ヨーロッパ語だったことが昨今の研究からわかっている。

ヒクソスが古代エジプト第二文明を支配したとき、ヤギの頭と、二本の尾を持つ神を祀っていたことが知られている。その姿は、いまでいう悪魔（サタン）そのものだ。

ヒクソスはその後、エジプトから追放されるが、そのとき連れ出した奴隷たちが、いわゆる聖書の「エジプト脱出」ともいわれている。

また、ヒクソスの最大の特徴は「遊牧文化」の担い手という点で、その文化は「家畜の支配」にある。征服した民族を「家畜」のごとく支配することに長けていた。

ともあれ、ヒクソスがもたらした複合弓という「超古代技術」は、銃の持つ「市民革命」の可能性を一八世紀まで封印してきた。これは、たんなる偶然なのだろうか?

「紙」の普及はなぜ遅れたのか

社会をよりよい方向へ変革する技術は、ことごとく潰される。

現代文明のいしずえとなったヨーロッパの近代文明を調べていると、なぜこの技術がこの時代まで登場しなかったのか、不思議になるものがある。一四四五年、ヨハネス・グーテンベルクの手によって誕生した「活版印刷」も、そのひとつだ。

活版印刷とは、英語のアルファベットなら二六文字を、金属もしくは木材のハンコに彫り、それを組み合わせて印刷する手法のこと。東洋圏ではたくさんの漢字がネックとなり、書物は一ページごとに木版で印刷することが多く、一九世紀まで発達しなかった。

しかしアルファベット圏は違う。これほど活版印刷に向いた文字体系はないぐらいで、紙の普及と同時に発明されてしかるべき発明だろう。

活版印刷の発明が遅れたのは、紙の普及が遅れたからだ。

紙の発明は一〇五年、後漢時代の蔡倫《さいりん》という人物によるものとされていた。しかし、その後の研究で、紀元前二世紀には完成していたことがわかっている。

偉大なギリシア・ローマ文明における唯一の欠点は、この紙が普及せず、長期間の保存に適さないパピルスや羊皮が記録媒体だったことだ。

一般的には、中国の諸帝国が紙の製法を厳しく管理し、イスラム世界やヨーロッパへの流出を阻んできたからだといわれている。八世紀にようやくイスラムで普及し、ヨーロッパにたどり着いたのは一二世紀になってから。本格的に普及するのは、なんと一三世紀から一四世紀以降だった。

しかし日本には、七世紀には紙の製法が唐からもたらされている。中国が本気で隠していたとも思えない。

東西の交流では、中東のイスラム世界を介して、多くの技術や商品が行き交っていた。それなのに、どうして紙だけがここまで普及しなかったのか。ヨーロッパにおける紙の普及の歴史は、あまりに奇妙であり、誰かがわざと阻害していたとしか思えないのだ。

では、なぜ紙の普及を「遅らせた」のか？

その答えは、活版印刷が普及して何が起こったかを見れば、すぐにわかる。

グーデンベルクの活版印刷で、最初に印刷されたのは「聖書」だった。それも、バチカンが定めていたラテン語版ではなく、ドイツ語に翻訳されたもの。いまふうにいえば、ローンチ・カスタマー（現地向け商品）である。これで多くのドイツ語圏の人々が、聖書を読めるようになった。

そう、この時代まで、キリスト教信者の大半は聖書を読んだことがなかったのだ。

長い間、キリスト教の基本は、ラテン語を学んだ特権階級の神父から、説話をありがたく拝聴することだった。しかし、その「説話」が本当に聖書に書かれているのか、信者たちに確認するすべはなかった。極端な話、神父が「聖書に書いてある」といえば、それを信じるしかなかったのだ。

ゆえに、一部の腐敗した聖職者たちは、しだいにやりたい放題となっていく。彼らに都合のよい理屈を振りかざし、反論する人には「聖書のここに書いてある。神様がそういっているんだ」と指さしていた。大衆が聖書を「読めない」ことは、権力者にとって、とても都合がよかったわけだ。

それまでの書物といえば、書き写しか、一ページごとに彫った木版印刷だった。木版印刷はラテン語版しかないので、きわめて高価だった。聖書の入手したい、難しかったのだ。

それが活版印刷と、現地語訳のおかげで、ある程度の知識層ならば聖書を読めるようになった。聖書を振りかざして好き放題にしていた教会から離脱し、聖書にもとづく信仰をしようという人々が現れるのは自然の流れだろう。

それが、プロテスタントだ。その後、プロテスタントからは「資本主義」のイデオロギーが生まれる。

活版印刷の登場は、ヨーロッパ社会を揺るがす一大革命を引き起こしたのだ。

歴史に「もし」はないが、七世紀から一〇世紀の段階で、すんなりと紙の製法が普及し、同時に活版印刷も登場したならば、ヨーロッパ社会はいまとはまったく違っていただろう。

教会という軛《くびき》から解き放たれた人々は、すぐさまギリシア・ローマ文明を再評価し、偉大な過去の文明から学び直し、文明の発展を数世紀以上、早めたはずなのだ。

いまでこそ「科学至上主義」を唱えるヨーロッパの文明だが、中世まで「科学」や「実学」は徹底して教会に管理されてきた。何かを研究するには教会に所属するしかなく、何か革新的な発明や発見をしても教会におうかがいをたて、教会の教えにそむくと判断されれば、あっけなく追放されてしまう。ガリレオ・ガリレイの「それでも地球は回っている」という有名な言葉が示すように、多くの発見や技術が教会によって潰されてきた。技術や学問を管理するという点では、ある意味、完璧なシステムだった。

紙の普及は危険——教会がそう判断すれば、紙は普及しないのだ。ギリシア・ローマ文明が「悪」だとされれば、そこから誰も学ぼうとはしない。そんなことをすれば、魔女狩り裁判で血祭りに上げられてしまうからだ。

魔女狩り裁判では、「魔女は水に浮く」とされていた。だから、魔女の噂を立てられた人は、水に沈まなければならない。浮けば拷問で殺されるのだ。ようするに、魔女裁判にかけられた人は、必死で水に潜ってみずから命を断つか、力つきて拷問死するしかなかったのだ。

ゆえに人々は「魔女」ではない証明として、文字どおり、命がけで信仰した。そんな人々の狂信性が、教会の社会に対する強い影響力となる。

教会は、人々の信仰を支える「聖書」を信者に読めなくすることで「教え」を管理してきた。教会の権威と権力を保持するための方策だった。そう分析することはたやすい。実際も、そのとおりかもしれない。

だが、それでも釈然としないのだ。

誰かが文明の発展を阻害したがっていた——その時代に本来なら生まれていた「革新的技術」を、封印しようとしてきた勢力があったのではないか？　少なくとも、紙の普及と活版印刷の発明については、こう考えるほうが納得がいく。

不思議なオーパーツ「バグダッド電池」

現代社会は、一八世紀以降、花開いたヨーロッパの科学文明が基礎となっている。それは「電気」と「動力」の文明といっていい。この二つの偉大な発明が、過去の文明をすべて遅れたものにした。誰もがそう考えていよう。

たしかに、電気とガソリンエンジンなどの熱機関を中心とした動力は、とても便利だ。これらの存在なしに、現代の生活は成り立たない。

しかし、ここでも疑問が浮かんでくる。

本当に電気や動力（熱機関）は、一八世紀、ヨーロッパの科学が生み出すまで存在しなかったのか――と。

もちろん、そんなことはない。オーパーツと呼ばれる遺物に、電気や動力が存在した証拠はたくさん残っている。オーパーツとは、現代に残っている「当時の技術ではありえない」古代の遺物のこと。その代表例に「バグダッド電池」がある。

バグダッド電池とは、一九三二年、イラクの首都バグダッド近郊にあるホイヤットランプファ遺跡で発掘されたオーパーツで、紀元前三世紀につくられたと思われる「電池」として話題になった。

中央に層状の炭素が巻かれた金属棒が入っており、ぶどう果汁（ワイン）を満たすと電池になる。電池メーカーのボッシュが復元実験をしたところ、二ボルト程度の発電ができたという。

また中国では、秦《しん》の始皇帝（紀元前三世紀）の兵馬俑坑《へいばようこう》からクロムメッキの剣が出土。西晋《せいしん》時代（四世紀）の武将の墓からも、アルミニウム製らしきベルトバックル（帯止め）が出土している。

ボーキサイトからアルミニウムを精錬するには電気が必要で、クロムメッキも同様だ。一九世紀以降に生まれた技術を使ったオーパーツが存在する以上、はるか古代、人類が電気を駆使していたことは否定できない。

別に驚愕《きょうがく》の事実、というほどでもない。電池じたい、原理はすこぶる簡単だからだ。手もとに硬貨があれば、試してみてほしい。一〇円玉と一円玉を交互に重ね、その間に塩水にひたしたティッシュをはさめば、それだけで電気は発生する。子どものころ、理科の実験で教わった人もいるだろう。銅とアルミニウムのイオン差によって電圧が生じており、別の金属でも同様の現象が見られる。

やはり理科の実験で教わったかもしれないが、コイルのなかで磁石を動かせば電気が発生する。これが発電機の原理だ。逆に電気を通せば、今度は磁石を動かすエネルギーになる。これは、モーターの原理。

磁力を持つ磁鉄鉱は、さして珍しい鉱物ではない。コイルの銅線は、ある程度、進んだ金属加工技術があればつくれる。つまり、発電と電気モーターという動力は、意外に簡単につくることができるのである。

ところが私たちは、一八〇〇年、イタリアのアレッサンドロ・ボルタが電池を発明したと教わっている。電気じたい、一七五二年、ベンジャミン・フランクリンによる雷を凧《たこ》に落とす実験から本格的な研究が始まり、一八二一年、マイケル・ファラデーが発明するまで、人類に電動機は存在しなかったとされている。

くり返すが「電気」は、古代からごく当たり前にあった技術なのだ。


こうした勘違い――いや、洗脳は熱機関にもいえる。

熱機関の発明は、一七六九年、ジェームズ・ワットの蒸気機関とされている。

そのいしずえとなったのが、英国の発明家、トーマス・ニューコメンの「ニューコメン機関」だ。一七一二年、鉱山の排水用ポンプとして蒸気機関を利用。その後、スコットランドのジェームズ・ワットが改良を加える形で、新方式の蒸気機関を完成させた。

現在の蒸気機関も、基本構造はワット機関そのものであり、一七世紀末から始まった蒸気機関の開発は、約一〇〇年で、ほぼ完成に至った。

蒸気機関の登場で、人類は次なる動力機関を求めるようになった。そこで、「内燃機関」の開発ラッシュが一九世紀から本格化する。一八七二年には、ドイツのニコラウス・オットーが「四ストローク機関」を開発。現在のガソリンエンジンを完成させた。

これが私たちの知る「歴史」である。

だが、熱機関そのものでいうならば、相当、古くから開発されていた。

古代ギリシアの数学者、ヘロンは、一世紀に「ヘロンの蒸気機関」を編み出している。現在の蒸気タービンで、ワット機関とほぼ同じ原理。これで「自動扉」などのカラクリ機械をつくっていたという。

また、「アルキメデスの原理」で名高い古代ギリシアのアルキメデスは、紀元前三世紀、シラクサ（現在のシシリー島）に攻めてきたローマ軍を「アルキメデスの超兵器」の数々で撃退（第二次ポエニ戦争）。そのなかには蒸気の力で石を打ち出す「蒸気砲」まであったと、ローマ軍の資料に記されている。

熱機関じたいは、古代ギリシア・ローマ文明で、すでに完成を見ていたのだ。

「流れ」を止めれば技術革新は起こらない

電気にせよ、熱機関にせよ、その原理は、はるか古代に完成していた。

では、どうして二〇〇〇年以上、発展しなかったのか？

これも難しい話ではない。人力のほうが安くて便利だったからだ。電気のエネルギーや熱機関の動力は、馬や牛もふくめて「人力」の代替エネルギーなのだ。

いい換えれば、奴隷や、奴隷に近い形で民衆を支配している社会では、最初から必要とされない。先述のニューコメン機関は、炭鉱にあふれた地下水をくみ上げるポンプの動力源として開発されたが、奴隷社会ならば必要のない機械だ。あくまでも「市民社会」が形成されて、奴隷的な労働が禁じられて初めて、電気や熱機関は求められるのである。実際、電気や熱機関は、人力を超えるエネルギーをとり出すまで、かなりの開発期間を必要とする。奴隷の存在する社会や文明なら「人力」でいい、となってしまうのだ。

そこで本章の最初の話を思い出してほしい。

市民社会の形成には、「銃」の普及が必要だったと紹介した。また、活版印刷によって知識層が拡大することも重要だった。そして、銃と活版印刷には「火薬」と「紙」の普及が前提となる。

つまり、最初に火薬と紙が発明され、それにともない銃と活版印刷が普及する。その結果、市民社会が形成されたのち、人力に代わるエネルギーとして電気と熱機関が発達していく。

この流れがあって、初めて「現代文明」が生まれる。ばらばらな時期に、ばらばらに発明されても、現代文明には届かないのだ。

だんだん、わかってきただろう。

アトランティスの末裔たちが、人類の発展を邪魔しようと考えれば、この「流れ」を止めてやればいいのだ。世界中で同時多発的に生まれてきたであろう「革新的な技術」を、すべて封印するのは不可能といっていい。しかし、この「流れ」に干渉するのは、さほど難しいことではない。

実際、ヨーロッパでは「紙」の普及が止められて活版印刷が止まり、知識層の拡大は長い間、阻止された。中国やイスラムでは「複合弓」の登場で銃の発達が止まり、市民社会の形成が二〇〇〇年以上、遅れた。

この「流れ」が止まっていれば、比較的簡単な発明である電気や熱機関が発達することはない。たまに現れる天才たちが、面白半分につくったところで、人類社会を変革する技術にまで応用されることはないのだ。

第4章の最後で、少なくとも一〇〇〇〇年間、文明の発展は「何者か」によって阻害されてきた、と断言したのは、こうした歴史的な背景をふまえてのことなのだ。

「ブラウンガス」はとっくに実用化されていた

もし、アトランティスの末裔たちに人類の発展を阻害されなかったら、私たちの文明は、どのような道を歩んだだろうか?

まず、電池から電気が発明されるはずだ。次に行なわれるのは、電気を使った電気分解。もっとも簡単な電気分解は水の分解、正確には塩水の分解だ。

塩水に電極を通すと、水素と酸素が発生する。理科の実験の場合、マイナスの電極から水素、プラスの電極から酸素を別々に発生する。これがひとつの電極だと、そこから両方の気体が発生する。

お気づきの読者もいることだろう。

第4章で紹介した「ブラウンガス」が発生するのだ。

ひとつの電極で水を電気分解した場合、その気体は、水素二、酸素一という理想的な配合となる。火をつければ酸素分子が水素分子に結合、水を生成する。水素と酸素の酸化反応は、ようするに燃焼のこと。塩水（海水）に電極を突っこんで、そこから発生するブラウンガスに点火すれば、爆発エネルギーを簡単にとり出せる。いわば「動力」となるのだ。

それだけではない。疑似科学の代表のように扱われている「ブラウンガス」だが、一般には「酸水素ガス」と呼ばれ、実用化されている。

この酸水素ガスの炎を使って石灰片を熱すれば、白熱光の照明となる。これがガス灯だ。また、高温の炎で金属、陶磁器、レンガ、ガラスなどの耐火物を溶かすなど、ガス溶接、ガス切断にも利用されている。酸水素ガスは、爆発の危険性から水素と酸素の比率を「水素リッチ」（燃料リッチ）にして爆発力を抑えている。これに対して「ブラウンガス」は二対一の理想値にしている。そこだけが違うのだ。

第4章でも触れたが、ブラウンガスの爆発エネルギーは、理論上の数値を大きく超えた「過剰エネルギー」を生み出す。電気分解に使ったエネルギーより、爆発エネルギーのほうが大きいために、エネルギー保存の法則から逸脱しているとして「ニセ科学」のレッテルを貼られてきた。

ところが、である。

近年、このブラウンガスに別の科学的アプローチがなされるようになった。

常温核融合の科学者たちだ。彼らは、ブラウンガスの過剰エネルギーは「核変換エネルギー」

ではないか、と考えている。

常温核融合は、電気分解によって「過剰熱」を出すシステム。同様にブラウンガスも特殊な電気分解を行なう。そのとき、なんらかの核変換が起きやすい状況が生まれると考えるようになっているのだ。

いまやブラウンガスは、常温核融合の研究者たちにとってホットなテーマとなっている。となれば、当然、国際核融合学会を支援するトヨタも「ブラウンガス」に関する研究を進めていると考えて間違いないだろう。


ともあれ、人類が「何者にも邪魔されず」文明を進化させたならば、最初にたどり着く「革新的技術」がブラウンガスなのだ。第4章で紹介したコリン・ウィルソンが、『アトランティスの暗号』でブラウンガスに注目していたのも納得がいくだろう。

実際、プラトンが説いたアトランティスの高度な文明は、ブラウンガスを使っていたとすればすべて説明がつく。ブラウンガス発電による電力で高度な金属加工と精錬を行ない、ブラウンガス動力で大規模な土木工事と構造物の建設を行なう。すぐれた動力機関があるのだから、自動車、飛行機、動力船といった乗り物がないほうがおかしい。

一万二〇〇〇年前に起こったアトランティスに、「電力」と「熱機関」を前提にした技術があるわけはない。ゆえに、アトランティスに関する情報はすべて間違っている。よくあるオカルト情報だ——そうして多くの人は信じてこなかった。

いや、そうしてだまされてきたのだ。

くり返すが、人類がブラウンガスを発明するのは、それほど難しいことではない。電気と熱機関の発明が、古代文明の技術で可能である以上、まず最初にたどり着くと考えるほうが自然なのだ。

ましてやアトランティスは、一万年もの間、安定した気候と環境に存在していた。コリン・ウィルソンは、そうした「事実」を知ったうえで、ユール・ブラウンを登場させたのであろう。アトランティスとブラウンガスという「暗号」を解く鍵は、ブラウンガスを「ニセ科学」として葬り去った理由に隠されている。ブラウンガスの存在を世間に隠したがっている存在こそ、アトランティスの末裔たちであり、彼らは人類にとって有益な存在ではない……。

コリン・ウィルソンは、そうほのめかしている気がしてならないのだ。

人類の「余剰エネルギー」で〝彼ら〟は肥え太ってきた

話を整理しよう。

人類史における最初の文明は、およそ一万年前に起こったシュメール文明だった。それ以後、メソポタミア、エジプトなどへ文明が広がっていく。

もしアトランティスの末裔たちの介入がなければ、人類は数千年という時間のなかで、金属加工の技術を手に入れ、その後、電気の発明から「ブラウンガス」へとたどり着いたことだろう。

電気と熱機関という動力を発明すれば、だいたい一〇〇年で文明は「近代化」する。現代の感覚でいえば、一九世紀から二〇世紀にかけてだ。

いわゆる四大文明以後、「ブラウンガス」の技術を手に入れていたとすれば、ギリシア・ローマ文明ぐらいで「夢の二一世紀」は手に届いていたかもしれないのだ。

そこまでいわずとも、ギリシア・ローマ文明で「ブラウンガス」にたどり着いていれば、一〇世紀ごろまでには、やはり「夢の二一世紀」は到来していたことだろう。

それを阻害してきたのが、アトランティスの末裔たち――「闇の支配者」だ。

彼らには二通りの生き方があったはずだ。

ひとつは、アトランティスの末裔たちが、新たにスタートを切った人類に手を貸し、文明を導くこと。そうすれば彼らの名は、いまも燦然《さんぜん》と輝いていたことだろう。

しかし、彼らはもうひとつの道を選んだ。文明の情報を自分たちだけで独占することで、神のごとくふるまい、人類を支配することを望んだ。

放っておけば人類は、勝手に革新技術を次々と生み出し、どんどん発展していく。そうなれば、自分たちの存在価値も失われていく。そうならないためには、できるかぎり人類の発展を止める。文明が発展していくその「流れ」を止める――。

人類の発展を意図的に止めれば、前（発展）に進もうとするエネルギーが行き場を失い、膨大な余剰エネルギーが生まれる。それを「闇の支配者」たちは、こっそりと人類から奪いとり、肥え太ってきた。

本来あるべき文明から遠ざければ遠ざけるほど、この余剰エネルギーは増えていく。彼らはより多く奪いとろうと必死になって歴史に介入し、革新的技術を封印してきた。

彼らが「支配者」の名にふさわしい影響力を保持してこれたのは、この余剰エネルギーをかすめとってきたからなのだ。

そして今日も「闇の支配者」たちは、着々と「夢の革新技術」を封印しようとしている。

ＳＴＡＰ細胞、常温核融合、トヨタのフリーエネルギー発電システム――こうした技術が封印されれば、本来、発展すべきだった「未来」は失われ、膨大な余剰エネルギーが生まれる。

それだけではない。「闇の支配者」の支配力が、そのぶんだけ増すことになる。

これが隠された歴史の真実だったのだ。

インターネットの普及が「蟻の一穴」になる！

ところが私たちには、アトランティスの末裔たちから「夢の革新技術」を奪い返すチャンスも訪れている。

彼らは、ある致命的なミスを犯したからだ。

そう、インターネットである。

インターネットは、技術を封印する中核組織、DARPAがつくったものだ。もともとは、核戦争後の情報インフラのために開発された軍事技術だが、アトランティスの末裔たちは、インターネットをさらなる「封印」の道具として利用しようとした。

もともとインターネットの民間利用は、一九八〇年代、先進国の一流大学を結んだ「国際間大学ネット」として始まった。それまで国際電話や電報、手紙で情報交換をしていた大学の研究機関にとって、リアルタイムで気軽に外国の研究者たちとやりとりができるインターネットは、すぐさま重要な情報ツールとなった。アトランティスの末裔たちからすれば、インターネットを監視しておけば、すぐれた研究者たちの画期的な発見や発明を、いち早く把握できると考えていたのだろう。

ところが、いったん世に出たインターネットは、国家や民間の新しい情報インフラとして普及し始めた。電話回線に相乗りできたこともあり、またたく間に広がった。

誰でも気軽に世界中の人とやりとりができる、あらゆる情報にアクセスできる——このインターネットの特徴は、情報の管理どころか、情報の「漏えい」を加速させる。

権力者が民衆を支配するにあたって、もっとも大切になるのが「情報」の管理だ。重要な情報は、重要な地位の人間しかアクセスできない——この「情報格差」が支配力の源なのに、インターネットの普及によって、隠ぺいしていた情報や自分たちだけで抱えこんでいた情報がどんどん流出するようなってしまったのだ。

前著『闇の支配者に握り潰された世界を救う技術』でとり上げた、ニコラ・テスラの世界的な再評価ブームも、インターネットの普及が大きかった。知る人ぞ知る存在にすぎなかったニコラ・テスラを、インターネットユーザーたちがばんばんとり上げた結果、それまで隠し続けてきた彼の画期的な発明の数々が世に

ニコラ・ステラ（1856–1943）

出たわけだ。

同様にブラウンガスの存在も、「水で走る車」を開発したスタンリー・メイヤーの設計図がインターネット上にアップされたことで明らかになり、いまやブラウンガス・エンジンを製作する有志も増えている。

インターネットの登場まで「闇の支配者」たちは、ニコラ・テスラのような邪魔な存在をいとも簡単に叩き潰してきた。「夢の技術」を発明した科学者、真実を伝えようとするジャーナリスト、「闇の支配者」と闘い、その支配から脱却しようとした良心的な政治家――彼らはそれぞれ違った陰謀と、違った組織によって、それぞれ撃破されるしかなかった。

ところがインターネットの登場で、それぞれが「連帯」できるようになった。各自が入手した情報は、インターネットを介して交換され、拡散される。これまで孤立無援で絶望するしかなかった人たちが、手を結べるようになったのだ。

自分は一人ではない。

その思いが人々に勇気を与え、「闇の支配者」に対抗する、ゆるやかなネットワークを自然と築き上げた。

それがいま、奴らを追いつめている。

巨大なダムをイメージしてほしい。

膨大な水は、アトランティスの末裔たちが封印してきた技術であり、その封印でせき止められてきた人類の余剰エネルギーである。

そのダムにいま、インターネットという小さな穴が開いた。水が膨大であればあるほど、そのエネルギーが巨大であればあるほど、小さな穴は致命傷となる。

いわゆる「蟻《あり》の一穴《いっけつ》」となりうるのだ。

もう一度、イメージしてほしい。

そのダムが決壊したときのことを。

ばく大な水は、すべての「常識」を洗い流すだろう。「闇の支配者」たちによって都合よく信じこまされてきた「科学の常識」は、きれいさっぱり消えてなくなる。

そして広大な沃野が生まれる。その沃野には、本来の人類が歩むべき「未来」の種子が次々と芽吹き、いずれ緑豊かな森となるだろう。

聞こえないか?

巨大なダムがひび割れていく音が……。

第7章

独占された軍事技術をこの手にとり戻せ

軍の技術は「三世代」進んでいる

「軍の技術は、民間より三世代進んでいる」

米軍の関係者から、直接、そう教えてもらったことがある。

三世代先の技術とは、どんなものなのか？

携帯電話を例にとればわかりやすいだろう。

一九八〇年代末に登場した最初の携帯電話は、通信兵が持つような巨大な装置で、しかもアナログ電波だった。次に登場したのが小型化したデジタル携帯電話、これが第二世代となる。いま、私たちの使っているスマートフォンや携帯電話の技術が、まさに「3G」（スリー・ジェネレーション）である。第三世代となった現在、圧縮技術の進歩で大容量のデータ送信と、常時接続が可能となった。携帯できるパソコンといっていい。

つまり、あのバカでかくてほとんどつながらなかった初期の携帯電話の時代に、軍の研究所、つまりDARPAは「現在のスマートフォン」の技術を持っていたことになる。では、いま現在、DARPAが持っているのはどんな携帯電話か。

これから登場する第四世代は、リアルタイムでの動画の送受信を可能とする。第五世代は立体映像（ホログラム）と、脳内へのダイレクト通信になろう。そして第六世代は、画像と音声以外の「匂い」や「温度」や「触覚」、つまり五感のすべてをやりとりできるといわれている。つまり、二〇一五年の段階で、DARPAは、この第六世代の通信技術をすでに開発していると考えられるのだ。

まさか、そこまで……。そう思う読者も多いだろう。

夢の革新技術を封印してきた「闇の支配者」たちだが、「封印」といっても世間一般に隠しているだけにすぎない。その技術の多くはDARPAが管轄する軍の研究機関で、着々と開発が進められている。

その結果、軍の研究所、たとえば「エリア51」のような秘密研究所では、民間の研究機関では不可能、あるいは「実用化まで一〇年先」と考えられている技術が数多く完成しているのだ。有能な人材を集めるだけ集めて、潤沢な予算を与えるだけ与え、なんの規制もなく、コストや採算性を度外視して開発にのみ邁進《まいしん》する。

その結果、どれほど軍事技術が過剰に進化しているのか、いくつか例をあげて説明していこう。

ここまで進化している次世代の戦闘機

自衛隊が正式採用した次期主力戦闘機「F35」は、米国のロッキード・マーティン社を中心とする軍事機密の国際ネットワークが世に送り出した、最新鋭のステルス戦闘機だ。

開発予算は、二〇一一年の時点でじつに三八五〇億ドル。しかもこの数字は開発予算で、一機一五〇億円以上する製造費用は別。文字どおりケタが違うのだ。

ところが、である。それだけ予算をかけて開発したにもかかわらず、機体の性能はたいしたことはない。ロシアや中国の次世代戦闘機のほうが、機体の性能はいいのだ。

では、どうしてこんなに開発費がかかったのか。それは、ばく大な予算の大半は「ソフト開発」に注ぎこまれているからだ。パソコンでいえば、本体の性能はそこそこ。しかし、インストールされたソフトがすべて最新モデル、と思えばわかりやすい。

ともかくF35は、その最新ソフトの能力がすさまじいのである。

ステルス機は、航空力学的にいびつな構造をしている。一世代前のステルス機が「円盤」のような形をしていたのは、電波の反射をかく乱するためだ。ところが、あんな形をしていれば飛行が不安定になり、墜落しやすくなる。

そこでステルス機には、飛行を安定に保つための「制御装置」が必要となる。パイロットの操縦に合わせて、コンピュータが自動で機体を安定させるよう勝手に微調整する、機体制御ソフトが欠かせないのだ。

戦闘機である以上、民間機ではありえないようなアクロバットな操縦や、過酷な環境での使用を想定しなくてはならない。当然、機体制御ソフトもあらゆる事態を想定してプログラムされている。

同じく米軍の最新ヘリコプター「オスプレイ」は、可変翼を初めて採用している。翼を垂直にすれば垂直離着陸ができ、翼を水平にすれば飛行機になる。

ティルトローターと呼ばれるこの技術、じつは一九六〇年代には完成していた。翼を動かすだけなので、それほど難しい技術ではないのだ。しかし、ヘリコプターモードと飛行機モードの切り替え時に、どうしても機体が不安定となる。横風などで簡単に墜落してしまうため、実用化できなかったのだ。

それを解決したのが、やはり「機体制御ソフト」なのだ。オスプレイでは、モードの切り替えはオートパイロット（自動操縦）になっている。そのときの状況——風や速度などをコンピュータが計測、もっとも確実な操作を選択する。ティルトローターの革新技術は、ハード（可変翼）ではなくソフト（制御装置）にあるのだ。

オスプレイの制御装置は、もっと複雑な制御を必要とするＦ35のソフト開発から生まれた。ある意味、副産物といっていい。

もうひとつ、Ｆ35のウリが「ＤＡＳ」と呼ばれる機能だ。

このＤＡＳは、パソコンでいえば「ウィンドウズ」のようなもの。それ以前のＯＳとはまったく別物といっていいぐらい進化をとげている。

たとえば、Ｆ35では、有視界飛行をしなくてもよくなった。機体に搭載された各種センサーの情報をコンピュータが自動で「３Ｄ画面」に再構築、それをＨＵＤ（ヘッドアップ・ディスプレイ）と呼ばれるヘルメットに映し出す。パイロットが下を見れば、真下の映像が映し出され、後ろを振り返れば、後方の映像が映し出されるのだ。

しかも拡大、縮小もスイッチひとつで簡単にできる。肉眼では見えないはずの場所、遠くの目標まで、正確な拡大映像で見ることができる。まるでフライト・シミュレーションゲームを操作しているような感じなのだ。

だから夜間、真っ暗な場所でも、昼間と同じようになんでも見える。さらに、同僚機の映像もリンクして自分のＨＵＤに映し出すことができる。極端な話、Ｆ35が世界中に飛び回っているとすれば、パイロットは世界中の映像を瞬時に眺めることができるのだ。

しかも、Ｆ35は超音速ジェット機。マッハを超えるスピードのなか、高速で画像を処理しなければならない。このDASのために数々の革新的なプログラムが開発されたはずで、実際、のべ三〇万人という有能なプログラマーが開発にかかわったといわれている。

といって、F35をほめているわけではない。

じつはF35で開発されたソフトは、そのままエアカー、つまり「空飛ぶ自動車」のコア技術なのだ。いい換えれば、四〇兆円近い巨額の予算は、エアカーの封じこめに使われたのである。

おそらくDARPAは、F35で開発した機体制御と高速三次元処理のソフトを、がっちりパテントで囲いこんでいるだろう。

つまり、エアカーを民間企業が開発しようとしても、DARPAのパテントに阻まれて、もはや実現できない「夢の乗り物」となった可能性が高いのだ。

軍に封印された「空飛ぶ自動車」の技術

エアカーといえば、誰もが「夢の二一世紀」として思い描く技術だ。ところが、車体の開発じたいはすでに終わっている。インターネットで「エアカー」と検索すれば、いくらでも映像や情報が出てくる。

問題は、車体の制御プログラムと、誘導管制、そして自動操縦の技術にある。

エアカーの場合、当然のことながら事故になれば確実に死者が出る。民家などに墜落すれば二次被害も甚大になる恐れがある。絶対に事故を起こさないシステムができないかぎり、実用化は不可能といっていい。

そこで先のF35のシステムである。まずオスプレイで証明されたように、自動車モードから飛行機モードの切り替えの制御プログラムは、すでに存在している。

また、空を自由に飛ぶとなると、道路と違って街灯がない。夜間飛行はきわめて危険になる。しかし、DASさえあれば真っ暗な空でも安全に飛行できる。このDASを、ほかの機体とリンクさせれば誘導管制も簡単にできる。

そもそもエアカーの飛行モードは「オートパイロット」のほうが安全だろう。目的地を入力すれば、もっとも確実なルートで勝手に飛んでくれる機能である。

じつはこの技術も、すでに米軍は開発し終わっている。無人攻撃機「プレデター」だ。イラク戦争などで実戦使用されたプレデターは、実際の操縦は米ネバダ州の空軍基地から行なっている。こちらもターゲットをロックしておけば、自動操縦で目標を追跡し続ける。この技術を応用すれば、エアカーの誘導や管制は、それほど難しくはない。

いうなれば米軍は、いつでもエアカーの実用化ができるのだ。過酷な条件での運用を目的にした軍用機に比べれば、民間用のエアカーなど児戯《じぎ》に等しい。すでに開発し終わった技術の流

航空自衛隊に納入される「F35」（写真は米軍のF35-A）

用ですむのだ。あとは燃費のいいエンジンの開発だけで、こちらはトヨタのハイブリッドなど民間企業の技術でじゅうぶん。

だいたい数千万円レベル、高級スポーツカーの価格で、実用的なエアカーはいますぐにでもできるのだ。運用システムも、プレデターのために張りめぐらせた軍事通信衛星を解放すればいい。

エアカーが実用化すれば、米国の製造業は間違いなく復活する。たくさんの新規雇用を生み出すだけではない。移動時間の大幅な短縮と、絶大な利便性による波及効果は、米国の経済を立て直すだろう。

そんな誰もが幸せになれる技術を保持しながら、米軍およびＤＡＲＰＡは、この技術を封印している。というより、エアカーの技術を封印するため、オスプレイやF35にばく大な予算をかけて開発させたとしか思えないのである。

インターネットの例でも述べたように、軍が抱えこんでいる技術を解放するだけで、どれだけすごい「未来」が訪れることか。私たちの「未来」は、軍の技術の解放にかかっているのだ。

最強の兵士「スーパーソルジャー」

軍が隠し持っている「夢の技術」はまだある。たとえば「スーパーソルジャー」だ。人間の能力を超えた「超兵」の技術である。

そのアプローチには二通りあった。

ひとつは肉体の改造、もうひとつが機械との融合である。

機械との融合については、ディーン・ケーメンの義肢開発で触れたBMI（ブレイン・マシン・インターフェイス）がコア技術となる。

BMIの開発は、DARPAを中心に相当進んでおり、頭にマイクロチップを埋めこんで直接、電極をつなぎ、念じるだけで機械の操作ができるところまできた。パワード・スーツの操縦は、操縦というより「人体」そのもの、身体を動かす感覚に近い。日本のアニメが得意とする巨大ロボットの登場もリアルになってきているのだ。

このBMIの技術が進めば、何ができるようになるのか？

昨今、視覚障害者向けの「人工眼球」の研究が進んでいる。外部センサーの情報を脳内に伝達し、映像として認識させる技術で、すでに簡単な図柄や文字なら認識できるようになった。その技術を応用して、脳内の映像、つまり頭のなかで思い描いたイメージを外部にとり出す研究も始まっている。こちらも簡単な文字、アルファベットを思い浮かべれば、それを外部モニターで映し出す実験が成功している。

これを聞いて、ピンときた人もいることだろう。

そう、テレビの放送実験である。一九二六年、日本初のブラウン管テレビ放送の実験で、最初に受像したのが「イ」という字だった。それから九〇年、テレビはハイビジョンやら3Dやらにまで発達した。この進歩のスピードを考えれば、脳内映像の実用化は、さほど遠い未来の話ではないだろう。

脳内映像がとり出せるようになれば、今度は、まったく新しい技術が生まれる。

脳内記憶のダウンロードだ。感情までふくめた記憶そのものを、外部の記録媒体に移し替える。そのなかには本人が忘れていた記憶もたくさんあるだろう。まさに映画『マイノリティ・リポート』の世界が、すぐそこまでやってきているのだ。

未来のテレビはこんなにすごい！

このＢＭＩ技術は、いずれ五感の再現にたどりつく。

余談だが、いまのテレビ（デジタル放送）や携帯電話（デジタル通信）は、アナログ時代と違って、直接、音声を電波に乗せて受信機から発しているわけではない。電話の声であれば、声の特性を分析し、メモリー内のサンプルから似た声をとり出して再構築した「人工の声」なのだ。つまり、携帯電話を遠隔操作すれば、「架空の会話」をでっち上げることなど技術的には簡単なのだ。

同様にテレビの映像も、送られてきたデータをテレビ本体の映像処理機能で再構築したものだ。生放送が三秒ほど遅れるのも、その処理に時間がかかるからにほかならない。当然、架空の映像を映し出させることなど造作もない。

ただ、テレビにしても、携帯電話にしても、伝達されるのは画像と音声のみ。ようするに、「視覚」と「聴覚」である。

そこで、いま開発されているのが「臭覚」「触覚」「味覚」の伝達だ。

たとえばコーヒーの匂いをデジタル信号にして送信、それを脳内と結んだ受信用マイクロ

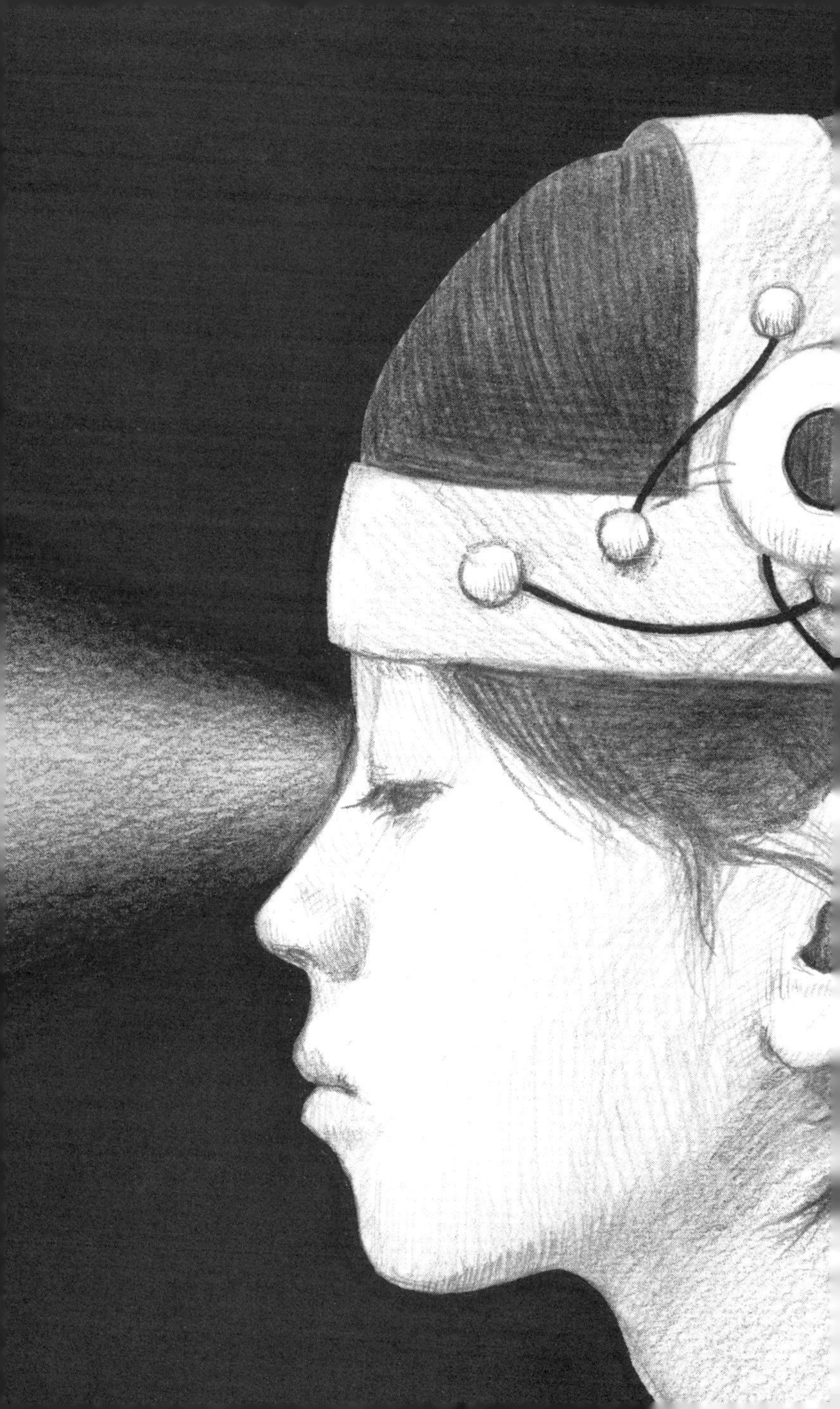

チップで「コーヒーの匂い」を脳内の信号に変換して伝える。テレビ画面でコーヒーが映し出されると、あたかも目の前にコーヒーがあるかのように、香ばしい匂いが漂ってくる。テレビのなかでコーヒーを口にすれば、自分の口の中にもコーヒーの味が広がる。もちろん、お腹はふくれないが。

私たちが考えているより、五感の伝達、再現は、それほど難しい技術ではない。BMIがこのまますんなりと発展すれば、近い将来、確実に世に出てくる。そもそもこの「三世代先の技術」は、すでにDARPAが開発に成功している技術のひとつにすぎないのだ。

この技術が解放されたら、私たちの「世界」は、どうなるのか?

真っ先に思いつくのが「オンラインゲーム」だ。オンラインゲームとは、インターネット上の仮想空間（バーチャル・フィールド）に不特定多数のプレイヤーが集まり、冒険をしたり、戦争ごっこをしたりするもの。ゲーム内で獲得したアイテムは、オークションを通じてリアルマネー（お金）で取引されたりもしている。

このオンラインゲームが「五感の再現」技術によって、現実さながらの「仮想世界」へと変貌する。

『ハリー・ポッター』のようにほうきに乗って空を飛ぶこともできるし、『スター・ウォーズ』

のように宇宙空間を駆けめぐり、ダース・ベイダーとレーザーソードで闘ったりもできる。ここまでくれば、完全に映画『マトリックス』の世界だ。

いや、もっと俗っぽいことをいえば、世界中の美女たちとセックスしまくる「ハーレム体験」だって簡単にできるようになる。

いまのAV（アダルトビデオ）は、すべて「体感型」になる。インターネットに接続して、気に入った女性（男性）とシチュエーションを選択し、BMIのヘルメットをかぶるだけで、実際の性行為と同じ快楽を得ることができる。性の分野で「革命」ともいうべき状況が生まれるのだ。

いま「ゲーム廃人」という言葉が問題になっているが、これほど面白くて楽しいゲームが登場すれば、なかには「仮想世界」から出てこなくなる人も増えるだろう。しかし、それが大きな社会問題になるという心配は杞憂《きゆう》だ。

なぜなら、こうしたBMIの技術を実現するためには、封印された革新技術の解放が前提となる。そのときには、第1章で紹介した「STAP細胞」などの再生医療技術も解放されているはずで、そもそも「寿命」がなくなっているのだ。

何百年も生きることができるのだから、ゲームの世界で何十年と暮らそうが、それは個人の自由。好きに生きればいいのだ。

BMI技術で「イチロー」にもなれる

もっと面白い技術も生まれる。

たとえば、アンドロイドに宇宙を旅行させる。アンドロイドが体験した情報は、通信網を使って地球に届く。それをBMIを通じて自分の脳にアップすれば、あたかも自分が宇宙を冒険しているかのように楽しめる。

そうなれば「戦争」も、もはや娯楽のひとつだ。「兵士ロボット」を使って、本当に「戦争」をして楽しむわけだ。もちろん、これなら人も死なない。

また、宇宙開発も加速度的に進む。

現在、宇宙開発が滞っている最大のネックは、打ち上げコストにある。「一グラム一万円」もかかるのだ。有人宇宙船では、たった一杯の水が一〇〇万円もする。人間が宇宙空間で生活するためには、生命維持システムだけで何百億円もかかる。ISS（国際宇宙ステーション）の需要が高まらないのも当然なのだ。

それが遠隔操作できるロボットで代用できるようになれば、まず月や火星に人が住める基地をつくってから移住できるようになる。

事実、ロボットの遠隔操作は、ＤＡＲＰＡが次に「公開」する予定の軍事技術だ。先ほど紹介したＦ35の次に、米軍が開発を予定する次世代戦闘機が「無人戦闘機」なのだ。人工知能による自律型ではなく、プレデターの技術を応用して、人間が遠隔操作する。それは「あたかもコクピットに乗っている」感覚なのだという。ようするに彼らは、ＢＭＩの技術を一部、解放する予定なのだ。

いまの有人戦闘機は、「Ｇ」（加速圧力）の問題があるため機動に制限がある。それが遠隔操作となれば、これまでできなかった機動が可能となる。わかりやすくいえばＵＦＯのように、ありえない飛び方ができるようになる。

いずれにせよ、隠されてきたＢＭＩの技術が解放されるだけで、これほど「世界」は一変するのだ。

たとえば、自分自身はいままでどおりの生活を送る一方、アンドロイドたちが世界中の観光地から、高山、深海、さらには宇宙にまで飛び出していく。それを自宅でテレビを見るかのように「追体験」できる。これほどぜいたくな趣味はあるまい。

いや、記憶をダウンロードできるのだから、別人の人生を追体験することだって可能になるだろう。もしイチローが記憶のダウンロードをしてくれたら、超満員のスタジアムで大活躍する「体験」ができる。野球ファンにはたまらないはずだ。

何百年と寿命が延びても、何をすればいいのかわからない——そんな厭世的《えんせいてき》な気分におちいることなどありえない。どんなに長生きしても時間が足りない、そのくらい楽しい世界が待っているのだ。

そう思うと、わくわくしてくるだろう。それが本来の私たちの「未来」であり、とっくに訪れているべき世界だったのだ。

STAP細胞で誰もが「超人」に

「スーパーソルジャー計画」には、もうひとつ、肉体の「直接改造」がある。わかりやすい例が、オリンピック選手などのドーピング（薬物使用）だ。

これまでのドーピングには、それほど劇的な効果はなかった。いくらドーピングで肉体を強化しようが、最後には身体がぼろぼろになって、機能障害で早死にしてしまう。薬物使用で肉体を強化したスーパーソルジャーも、数年で「廃棄処分」となるだろう。コストパフォーマンスは、決してよくなかったのだ。

直接的な肉体強化に限界があるのは、人間の心肺機能に限界があるからだ。心臓や肺の能力は、個人差があるとはいえ、ある一定以上に強化はできない。身長二メートルだろうが、一メートル五〇センチだろうが、人間の心臓の大きさにたいして変わりはない。結果、大きな身体の人ほど心臓の負担が大きく、早死にしやすくなる。巨漢プロレスラーだったアンドレ・ザ・ジャイアントも、心臓疾患で若くして亡くなっている。

速く走ろうと足の筋肉をステロイドで強化したところで、その増強した筋肉を維持するために心臓の負担が大きくなりすぎるのだ。それで身体全体の機能が落ちていく。とくにエネルギーと酸素の二割を消費する脳への負担が大きく、精神のバランスが保てなくなる。ステロイド使用者が凶暴になりやすいのも、社会行動をつかさどる大脳新皮質の働きが悪くなり、脳機能が低下するためだ。

では肉体強化は不可能なのか、といえばそんなことはない。

発想を変えればいい。そう、心臓を増やせばいいのだ。エンジンでいえば単気筒から二気筒にしてやる。

さらに心肺機能を上げる効果的な方法に、通常より酸素を多く運ぶ「スーパー・ヘモグロビン」の移植がある。八〇歳でエベレストに登頂した、登山家の三浦雄一郎氏がスーパー・ヘモグロビンの保有者として知られているが、スーパー・ヘモグロビンを保有すると運動機能が格段に増す。

心臓の数を増やし、スーパー・ヘモグロビンの遺伝子を組みこんだ造血幹細胞を移植すれば、それだけで人間の心肺機能は三倍以上はね上がる。そうなれば当然、肉体を三倍に強化しても大丈夫になる。身長四メートルを超す巨人でも、ふつうに活動できるようになるのだ。これなら熊と素手で戦うことだってできる。誰もが「キング・オブ・スポーツ」デカスロン（十種競技）の世界記録をたたき出す、「超人」になれる日がくるのだ。

この「超人化」は、STAP細胞による再生医療が必須となる。心臓を二個にする手術は、STAP細胞から心臓幹細胞を再生、そこからつくった心臓体細胞を3Dプリンタで三次元に再構築、外科手術で埋めこむ。スーパー・ヘモグロビンの移植は注射ですむだろう。

封印されてしまったSTAP細胞の技術を、とり戻すだけでいいのだ。

肉体強化の技術ができれば、次のターゲットは肉体改造となる。

「キメラ技術」と呼ばれる医療は、すでに行なわれている。たとえば肝臓移植ならば、人の肝細胞を組みこんだ豚やヤギの肝臓を代用する。その肝臓は、人間と動物の「キメラ細胞」になるが、健康への悪影響はないといわれている。

また、鳥のように空を飛んだり、えら呼吸機能をつけて魚のように泳いだりといった夢も、STAP細胞がかなえてくれる。

空を飛ぶには鳥の遺伝子を組みこみ、肉体を再構築すればいい。動物のすぐれた「機能」の遺伝情報を特定、それをSTAP細胞に組みこんだ幹細胞をつくり、移植してやるわけだ。寿命がなくなった長い人生で、大きな楽しみとなるだろう。

この一〇〇年は「鳥人間」として生きてみる。じゅうぶん空を堪能したら、次の一〇〇年は「魚人間」になって海で生活、次の一〇〇年は「ライオン人間」になって、サバンナの大地で暮らす……。

ふつうの人間に戻るのも簡単。STAP細胞で、もうひとつの「人体」を完全再生、脳から脳へと記憶を移すか、脳を丸ごと移植する。いつでもふつうの人間の身体に戻ることができるなら、誰だってやってみたくなるだろう。

「神の世界」を「神」として生きる

頭脳の強化も難しい技術ではない。

すでに「記憶」の移植には成功しているからだ。

マウスにある特定の音を聞かせたあと、強い電流を浴びせて半死半生状態にする。これをくり返すとマウスは、その音を聞くだけで大暴れする。いわゆる「パブロフの犬」だ。

そのマウスの脳からある物質をとり出し、別のマウスに注射する。すると、その音を聞くと大暴れするマウスになるのだ。感情と記憶をともなった物質が特定されたことで、他人の記憶を伝達する「薬」の開発がすでに始まっている。

そこで注目を集めているのが「サヴァン症候群」である。

サヴァン症候群といえば、映画『レインマン』で、ダスティン・ホフマンが演じた主人公が有名だろう。その主人公は、知的障害を持つ一方で、天才的な暗算能力の持ち主だった。

サヴァン症候群の多くは、自閉症やアスペルガーなどを併発させる一方で、特定の能力だけが異常発達する。『レインマン』の場合は暗算能力だったが、ほかにも何万ケタもの円周率を覚えたり、曲を一度、聴いただけでピアノが弾けたり、何か国語でも簡単に覚えたり、人によってさまざまな能力が現れる。

なぜ、そんな能力が生まれるのか。長年、謎とされてきた。サヴァン症候群の多くは自閉症をともなうため、彼ら自身、説明ができなかったからだ。

ところが英国のダニエル・タメット氏は、サヴァン症候群でありながら自閉の傾向が少なく、知的障害もなかった。そのタメット氏が研究に協力したことで、サヴァンのシステムが「共感覚」だとわかった。

世界一の円周率を記憶したタメット氏によれば、円周率の覚え方は「家から学校までの道」を思い出す行為に近いらしい。円周率の数字が、彼にはなぜか「風景」に見える。その風景を学校までの道のりの記憶とリンクさせる。

「誰だって学校までの道は思い出せるでしょう。それだけで、二万ケタの円周率も自然と出てくるんです」

ほかにも好きな絵や音楽でも、「情報」をシンクロさせることができるという。

共感覚は、本来は別々に処理される情報を、複数の部位で同時に処理する。画像と音声、あるいは匂いといった情報を重ねて処理することで、記憶力を強化しているようなのだ。

この共感覚を、人工的につくり出す研究も進んでいる。その「サヴァン薬」を飲めば、誰でも一時的に共感覚を得られる。

そうなれば、この世から「勉強」が消えてなくなる。

音楽が好きな人ならば、好きな曲を聴きながら「相対性理論」を眺めるだけでいいのだ。小難しい相対性理論は、そのまま頭にインプットされる。相対性理論を使うには、その大好きな曲を思い出す。あとは勝手にすらすらと相対性理論が出てくるわけだ。

同じやり方で、一枚のアルバムを聴くだけで、一二か国語がしゃべれるようになるかもしれない。

ＢＭＩを使って、知識を自分の脳にアップロードすることも可能だが、新規の情報は、このサヴァン・システムで学べばいい。漫画が好きな人なら漫画を読むだけ。絵画が好きな人なら画集を眺めるだけで、どんどん賢くなっていく。

勉強が嫌いな子は、この世からいなくなるはずだ。

すべての人がデカスロン選手級の肉体を持ち、ノーベル賞級の頭脳を持つ「超人」になれる。

きっと誰もがこう思うはずだ。

まるで神の世界だ、と。

彼らは神だ、と。

私たちを待っている未来は、みずから「神」となって、「神の世界」を生きることなのだ。

第8章

人類の宇宙進出と「超古代文明」の痕跡

夢の「宇宙開発」はなぜ止まってしまったのか

なぜ「宇宙」は、ふたたび遠くに行ってしまったのか？

ほんの少し前まで「宇宙」は人類の手のなかにあった。

そう、アポロ計画である。

一九六九年、アポロ一一号が月面着陸に成功して以降、人類は六度、月の上に立った。アポロ計画がスタートしたのは、一九六一年のこと。わずか一〇年で「絶対不可能」と思われていた領域までたどり着いたのだ。

二一世紀が訪れるころには、誰もが気軽に宇宙旅行を楽しめるようになるだろう。月には月面基地があって、人類のハビタブル・ゾーンは火星まで広がっている。そして人類は新たな挑戦として、太陽系の外に向かって有人探査を行なっている……。

決して夢物語ではない。一九七〇年代、誰もがそう考えていたのだ。

しかし現実はどうか。宇宙はアポロ時代に比べてはるかに遠くなった。ＮＡＳＡでさえ、宇宙飛行士は廃業の危機を迎えている。アポロ計画以降、明らかに人類の宇宙開発は後退しているのだ。

——人類はこれ以上「宇宙」に進出してはならない。

誰かがそう決めたかのように、宇宙への道は閉ざされていった。

単純にコストの問題だと説明する専門家もいる。米ソのロケット開発競争が終わり、潤沢な予算がなくなったからだ、と。

そんなプロパガンダにだまされてはならない。

アポロ計画以後、NASAの予算は総計三〇兆円以上もあった。じゅうぶんすぎる資金が注ぎこまれていたのだ。にもかかわらず、人類の宇宙進出はストップしてしまった。

なぜ、進出できなくなったのか。いくつかの推論がなり立つ。

ひとつは、ちょっと大胆な意見だが、私たちの世界は「月まで」しか存在していないという可能性である。オンラインゲームをやったことのある人ならわかるだろうが、最初、ゲームのフィールドは狭い範囲のみ。そのうちプレイヤーが増えていけば、ゲームの運営会社はフィールドを拡大する。

私たちの世界も、もしかすると、こうした「ゲーム」と同じなのではないか。

一九六〇年代の時点で、人類の活動できるフィールドは「月まで」と決まっていた。ロケットができても、おいそれと月より先には行けまいと「運営会社」は考えていた。

もっといえば、月より先のフィールドをつくるには金も時間もかかる。だからゲーム内のルールとして「月より先に人類は行ってはならない」と決まった。

その先にフィールドはないのだから、探査衛星はフィールドの限界にとどまったまま。あたかも探査しているかのように「データ」だけが送られてくる。

もし人類が火星に行きたいのなら、「ゲーム」がバージョンアップして、フィールドが拡大しないかぎり絶対に不可能ということになる。

火星の古代文明は核爆弾で滅ぼされた?

もうひとつの可能性はこうだ。

これ以上、人類が宇宙へ進出すると「不都合な真実」が発覚してしまう。つまり、月や火星には「超古代文明」の痕跡が残っており、それを人類に知られたくない存在がいる――という推察である。

英国の『デイリー・メール』紙が、こんな興味深い記事を掲載した。「火星の古代文明は核爆弾で滅ぼされた」というのだ。

記事を抄訳で引用しておこう。

〈火星の古代文明はエイリアンの核攻撃によって滅ぼされた。次は地球が攻撃される可能性がある――物理学者が主張〉

今週土曜にイリノイ州で行なわれる、米国物理学会の二〇一四年秋大会。もし出席したら、ちょっと驚くかもしれない。そこでは、物理学者のジョン・ブランデンバーグ博士が、「火星の古代文明は、エイリアンの核攻撃によって滅ぼされた」「そして、その痕跡は今日でも確認できる」という説を発表するからだ。

二〇一一年、博士は、火星の赤い色は自然発生的な熱核爆発によるものだという仮説を初めて発表した。「火星の表面はウランやトリウム、放射性カリウムのような放射性物質の薄い膜で覆われている」「核爆発が火星全体に堆積物を広めた」――博士はテレビのニュースでこのように話していた。

しかし博士は、その自説を推し進め、いまでは火星での核爆発は自然に発生したものとは考えていない。つまり、核爆発は知的生命体により引き起こされたというのだ。博士の最新論文には、火星の大気中の放射性同位体は、水爆実験のものに酷似しているとある。これは「宇宙からの核攻撃により、文明が滅ぼされたことの証明になるかもしれない」という。

博士によれば、かつての火星は地球と似たような気候で、動植物のすみかだったという。そして、古代エジプトと同程度に進んだ知的生命体がいたという。

これは、火星にある二つの地域を、博士が分析した結果によるものだ。そのうちのひとつがシドニアだ。悪名高い、あの「火星の顔」が発見された場所である。博士によれば、これは古代のエイリアンがつくった人工物だという。

われわれは地球に対する攻撃を警戒すべきであり、われわれが直面している事態を知るために、火星への有人ミッションを実行すべきだ。そう博士は警告する。（『デイリー・メール』二〇一四年一一月二一日）

火星がエイリアンに滅ぼされたどうかはさておき、重要なのは、一流の物理学者が火星に核攻撃の痕跡があると指摘している点だ。

エイリアンというのが引っかかるなら、超古代に火星に進出していた「人類」と置き換えてみたらどうだろうか。

真っ先に思い浮かぶ存在があろう。

そう、アトランティスの末裔たちである。

古代アトランティス文明が、宇宙へ到達していた可能性はゼロではない。有名なオーパーツに、コロンビアで発掘された「黄金スペースシャトル」がある。有名なので知っている人も多いだろう。

また、トルコのトゥスパ遺跡からは、古代のロケットらしき彫像も出土している。これらオーパーツは、超古代に行なわれていた宇宙開発の痕跡ともいわれている。

アポロ計画以後、あのまま三〇兆円以上の予算を注ぎこんでいけば、有人の火星探査は不可能ではなかった。月面基地の建設も実現していただろう。

その際、アトランティスの宇宙開発の痕跡が見つかったらどうなるか。当然、人類史における「超古代文明」の存在が明らかとなる。

第4章で紹介したように、古代アトランティス文明は、地中海の海底に埋もれている。文明があったことを証明する建造物は、何十メートルもの土砂に埋もれ、海底探査での発掘は難しい。

ところが月面や火星ならば、簡単に彼らの「痕跡」を見つけることが可能かもしれない。文字を解読すれば、文明のレベルも判明する。そうなれば、人類の歴史に介入して「夢の技術」を封印し、人類社会を裏から支配しては、ばく大な利益をむさぼってきた「闇の支配者」の存在もまた、私たちの前に明らかになる。

断固として、これ以上の宇宙開発を押しとどめなければ――。

しかし一九七〇年代、アポロの成功で沸き上がった人類は、宇宙開発のよりいっそうの推進を望んでいた。いずれ月や火星の本格的な探査が始まる。その前に「別の宇宙計画」を立て、そこにすべての予算を注ぎこませるしかない……。

そうして誕生した計画があった。

スペースシャトル、である。

じつは「罠」だったスペースシャトル計画

一九八一年、アポロ計画を引き継ぐ形で登場したスペースシャトルは、みごと初飛行に成功。世界中を熱狂させると、以後、一三五回にわたって有人宇宙飛行を行なった。

スペースシャトルとは、ようするに「再利用可能な宇宙往復船」だ。「オービター」というシャトルに乗って、そのまま宇宙へ飛び出し、地球に帰還する。搭乗人数は七名。二〇トン以上の物資を運べる。アポロ計画に匹敵する、すばらしい宇宙開発計画――誰もがそう思った。

それがまやかしだったのである。

スペースシャトルの一回あたりの打ち上げ費用は、じつに一〇億ドル、日本円にして、なんと一〇〇〇億円以上。同じ二〇トンクラスの物資を宇宙に送りこむ、日本の「HⅡA型ロケット」でも、一回の打ち上げ費用は八〇億円だ。ＩＣＢＭ（大陸間弾道ミサイル）を再利用したロシアの「プロトン」なら二〇億円。だいたい五〇億円が相場なのだ。

いわばスペースシャトル一回の打ち上げコストで、一〇〇〇トンもの物資を宇宙に運べる計算だ。それが一三五回。それだけの予算があれば、火星探査船も月面基地も、じゅうぶん実現できたはずだ。

そもそもスペースシャトルは、燃料を満載すると一〇〇トン以上の重さになる。そんな巨大な物体を宇宙まで運び、地球に戻しているわけで、それだけでもいかに無駄なシステムかがわかるだろう。

スペースシャトル最大のウリである「再利用可能」というのも大ウソだった。

大気圏再突入にかかる圧縮熱は、重ければ重いほど高まる。物理の基礎だ。その結果、機体の損耗率はよくて五割、ひどいときには八割に達した。

テレビや冷蔵庫の修理にたとえれば、「新しいのを買ったほうが安くつきますよ」というレベル。それを無理やり修理する。オービターの建造費は、一機、二〇億ドル。一回飛ばすたびに、それに近い額が修理のためにかかっていたのだ。

これだけのリソースを注ぎこみながら、スペースシャトルがもたらした唯一の成果は、故障したハッブル宇宙望遠鏡の修理だけだった。それについても「新しいハッブルを打ち上げたほうがはるかに安かった」といわれている。

スペースシャトルがどれだけひどい計画だったか、わかってもらえただろう。

くり返すが、スペースシャトルがなければ、人類の宇宙開発は二〇年、先に進んだ。月面基地と火星の有人探査は、アポロ計画時代の技術で可能だった。

――宇宙には人類に知られたくない「秘密」が存在する。

それを巧妙に隠してきたのが、スペースシャトルだった。いや、隠すためにもてはやしてきた。「闇の支配者」たちが、夢の技術を封印するときの典型的な手口だ。

「スペースシップ・ツー」をめぐる水面下での攻防

二〇一一年のスペースシャトル退役《たいえき》は、夢の技術を封印してきた勢力に、何かしらの変化があった証拠かもしれない。

翌二〇一二年、FAA（米国連邦航空局）は、ヴァージン・グループに対して「宇宙旅行」を正式に認可。ヴァージン・グループは、元NASAの設計士が開発した「スペースシップ・ツー」（乗員二名、乗客六名）を購入し、二〇一五年以降、宇宙旅行ビジネスを展開する計画を立てている。

システムは簡単だ。母船（スペースシップ・ワン）に本船（スペースシップ・ツー）を乗せて、高度一万メートルに上昇。そこから本船を打ち上げ、高度一〇万メートルの低宇宙空間に達する。

最大の特徴は、可変翼を採用していることだ。スペースシップ・ツーは、大気圏再突入の際、翼を動かすことで空気抵抗を高め、重力加速によるスピードを減速する。

たった、これだけのアイディアなのだ。実際、スペースシップ・ツーは、二〇〇四年に「有人飛行を成功したら一〇億円」というコンテストに応募された機体で、製作費も賞金の一〇億円でじゅうぶんだったらしい。

この機体の権利を買ったヴァージン・グループは、一人あたり二五〇〇万円で宇宙旅行を計画している。一回の打ち上げ費用は数千万円レベル。機体の建造費も、ふつうの飛行機と同じくらいといわれている。

ここで理解してもらいたいのは、スペースシップ・ツーの技術は、一九七〇年代のアポロ計画の時点で、すべてそろっていたという点だ。スペースシャトル計画ではなく、スペースシップ・ツー計画になっていたならば、私たちの世界はどうなっていただろうか？　六人乗りが、二〇人乗りほどの規模になり、いまごろ世界中の主要都市からばんばん飛んでいたはずだ。

超高速飛行機としての需要もある。高度一〇万メートルの宇宙空間では、地球をわずか二分で一周する。離陸と着陸の時間を加えても、地球の裏側をわずか一時間足らずで結ぶのだ。

そうして普及していけば、二五〇〇万円という費用も、飛行機のファーストクラス並みの数百万円まで下がっていくことだろう。

ちょっとしたお金持ち、いや、庶民だってがんばれば、いつでも宇宙旅行ができるようになる。そうなれば、宇宙に滞在できる「宇宙ホテル」の建設を求める声が高まるだろう。その次は月面基地。宇宙開発は民間主導で加速していっただろう。

スペースシップ・ツーの技術は、長らくＮＡＳＡによって「封印」されてきた。軍事的に考えれば、高性能の偵察機となるからだ。ゆえに、冷戦終結まで隠されてきた。

――というのは、あくまでも表向きの理由であって、本当の理由はアポロ計画で加速した「宇宙開発」を押しとどめるためだろう。ようするに、大衆に対して「宇宙は未知の領域」「誰もが気楽に行ける場所ではない」と思わせておきたい勢力が存在しているのだ。

少なくともスペースシップ・ツーが公開され、それをヴァージン・グループが採用、ＦＡＡが認可した二〇〇四年から二〇一二年の間、スペースシャトル退役もふくめて、何かしらの事情により「宇宙技術の解禁」が行なわれた可能性は高いだろう。夢の技術を封印した「アトランティスの末裔」が追いこまれたのか、それとも取引に応じたのか。そのあたりは定かではないが……。

ただし、二〇一四年一〇月三一日、スペースシップ・ツーは試験飛行中に「謎」の爆破事故を起こし、パイロット一名が死亡した。その結果、二〇一五年に予定していた宇宙旅行は延期となった。この事故ははたして「偶然」なのだろうか？

「宇宙エレベーター」もずっと封印されてきた

宇宙開発は、技術を封印してきたアトランティスの末裔たちの勢力をはかるバロメーターになる。宇宙関連の技術が発展しているときは勢力が衰えており、逆に後退しているときは勢力を増している――そう考えればいい。

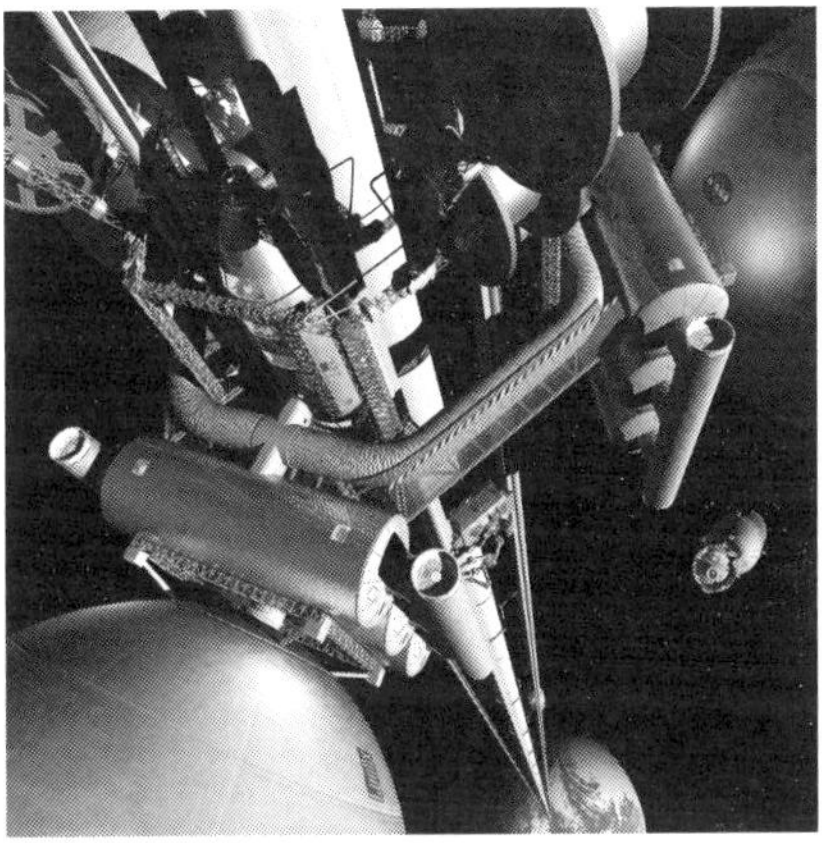
NASAによる「宇宙エレベーター」の想像図

連中が抱えこんできた技術は、スペースシップ・ツー以外にもたくさん存在する。たとえば、宇宙開発を急速に発展させるために不可欠な「宇宙エレベーター」もそうだ。

宇宙エレベーターは、地上と宇宙とをエレベーターで結ぶ、SF小説でおなじみの夢の技術だ。しかし、すでに一九世紀末には、「ロケットの父」コンスタンチン・ツィオルコフスキーによって、発想じたいは提唱されていた。

宇宙開発が米国、正確にいえばアトランティスの末裔たちの思惑を超えて、次々と画期的な新技術を生み出してきた背景には、このツィオルコフスキーと、その愛弟子セルゲイ・コロリョフら、旧ソ連の科学者たちの存在があった。

ナチスドイツでV2ロケットを開発していたヴェルナー・フォン・ブラウンの研究をはじめ、ロケット関連の資料の大半は米国が隠匿していた。にもかかわらずコロリョフは、ほぼ独自でロケットを開発。「スプートニク・ショック」に象徴されるロケット開発競争で、米国をつねにリードしてきた。

米国は当初、ドイツから連れてきたフォン・ブラウンら、ナチスのロケット科学者を開発の現場から外していた。ロケット技術じたいを「封印」しようとしていたのだ。

それをコロリョフが革新的な技術でリードした結果、ようやくフォン・ブラウンに開発の機会が与えられ、彼はついに月まで到達する技術を生み出す。ここまでの進歩は、アトランティスの末裔たちにとっても予想外のできごとだったはずなのだ。

月に到達する技術は、すぐに「火星探査」にまで届く。こうなれば、なりふりかまってはいられない。連中は火星探査を強引に中止させ、スペースシャトル計画をぶち上げた。そして、フォン・ブラウンを一線から外した。

ちなみにコロリョフも、内部抗争で失脚した。それでもコロリョフはアポロ計画時、地上から遠隔操作できる月面探査車で調査を行ない、その探査車は一九八六年、チェルノブイリ原発事故の際、崩壊した炉心処理でも活躍した。米国の火星探査車は、このコロリョフの開発した探査車がベースとなっている。

天才たちは、「闇の支配者」に決して屈しないのだ。

話を宇宙エレベーターに戻そう。

この革新的な技術は、一九九一年、日本人研究者が発明したことをご存じだろうか。NECが開発した、カーボン・ナノチューブだ。軽くて丈夫なカーボン・ナノチューブの発明によって、宇宙エレベーターは一気に実現性を帯びてきた。二〇一二年には、建設大手の大林組が「二〇五〇年までに完成させたい」というプランをぶち上げているほどだ。

トヨタのくだりでも説明したが、日本発の「夢の革新技術」は意外に少なくない。封印にいそしむアトランティスの末裔たちからすれば、腹立たしいかぎりであろう。

ほかにも宇宙エレベーターには、ローマン・コンクリートの話で紹介したジオポリマー型セメント、リニアシステムなど、日本の得意分野が多く使われている。宇宙エレベーターで地上から物資を運んで、核融合エンジンを搭載した惑星間有人探査船を建造すれば、太陽系内は人類のハビタブル・ゾーンとなる。

私たちの「故郷」火星に還ろう

そして次のターゲットは、火星を地球と同じような環境に改造する「テラ・フォーミング」だ。これまでは、最短で数百年はかかると考えられてきた。

しかしテラ・フォーミングだけでなく、火星の環境に合わせて人体を改造する「マージリアン・フォーミング」（火星用の人体改造）もあることを忘れてはならない。前章の「超人」のくだりでも述べたように、長期間、過酷な環境下での作業を強いられる惑星探査においては、人体改造はむしろ不可欠。戦争などではなく、惑星探査にこそ活かすべき技術なのだ。

――宇宙は「生命」で満ちあふれている。

かつて生命は、宇宙の奇跡と考えられていた。しかし科学の進歩で、生命は意外と簡単に発生することがわかってきた。エネルギーと液体があれば、とりあえず原始生命は誕生する。その有力候補が木星の衛星、エウロパだろう。

エウロパは、巨大な木星の重力で星全体が歪められた結果、火山活動が起こっている。太陽との距離を考えれば極寒の星、本来なら大気のメタンが凍りつくはずが、火山活動でメタンの海が存在していることがわかっている。エウロパに生命体が存在するのは、ほぼ間違いないだろう。

人類の活動が宇宙空間に広がっていけば、人類由来の生命が「種子」となって、ほかの天体の生命のもとになる。

実際、私たち人類も、そうして「火星」から生まれたという説がある。

火星は地球の一〇分の一の大きさしかない。惑星は大きければ大きいほど、宇宙から飛んでくる隕石を引き寄せる力も大きくなる。ようするに、火星は地球と比べて、隕石の衝突が少なかった。

そのため、太陽系の惑星が誕生した原初時代、地球より小さな火星のほうが早く環境が安定したと考えられているのだ。

いまでこそ火星はマントルが冷えているが、かつては地殻変動も起こっていた。その痕跡も残っている。火山の噴火で吹き出したガスは大気に変わる。温められた大気は雨となり、海をつくる。

地球誕生から四六億年。生命が誕生したのは四二億年前ごろとされている。その生命誕生の環境が、火星では二億年以上早く整ったと考えられているのだ。

そうして生まれた火星由来の「生命」が、隕石の衝突などによって地球に降りそそぎ、生命のもとになった。これが火星由来説である。

——宇宙は「謎」で満ちあふれている。

その謎を解こうとすれば、必ず隠そうとする勢力が出てくる。私たちは、その謎の解明まで、あと一歩のところまできている。

人類が本格的に宇宙に進出するとき、その謎は明らかになる。

いったい、どんな真実なのか——じつに興味深いと思わないだろうか。

第9章

「未来を信じる力」が封印を解き放つ！

「人工知能」はすでに完成している

奇妙な電話がかかってきた。

二〇一四年、春ごろのことだ。電話の女性は品のいい声で「自分は、ある大きな財団のエージェントをしている」と述べ、「あなたの活動を高く評価している。そこで、あなたの所有する財団に寄付をしたい」と、申し込んできた。休眠中の私の財団の名前を知っていたことから、単なるいたずらとも思えず、とりあえず話を聞いてみることにした。

話が奇妙なほうへ向かうのはここからで、彼女がエージェントをつとめる財団は「六七ケタドルの資産を保有している」という。世界のGDP（国内総生産）の総額でさえ一四ケタにすぎない。明らかにおかしな金額に「?」が浮かぶ。

彼女によれば、私が利用している某都市銀行に財団の預金口座があり、ある暗証番号を入力すれば、保有している金額が確認できるから信用してほしいという。私はその暗証番号をメモして、某都市銀行で確認することにした。

ただ、他人の口座を確認するためには、なんらかの証明書が必要となる。私は彼女に証明書の発行を求めた。

すると彼女は「証明書ですか?」といい、ちょっと困った感じになった。そして、「証明書の発行には、バイオメトリクス（生体認証）が必要です」といった。「あなたは正規のエージェントでしょう。そこで生体認証をして発行してください」と返すと、なぜか「生体認証が必要です」とだけくり返す。

最初は意味がよくわからなかったが、どうやら、彼女では「生体認証ができない」らしいことが、だんだんわかってきた。

——あなたは人工知能なのですか?

そう問いかけると、彼女は、そのまま黙りこんでしまった。

人工知能ではないかと疑ったのは、それだけが理由ではない。

「どうしてそんな膨大な資産を保有しているのか?」と尋ねたとき、彼女は「銀行のシステムは一九八七年に始まった」という話を始めた。銀行のシステムは、もちろんそれ以前から存在している。

疑問に思ってあとから調べてみると、銀行が「電子化」されたのが一九八七年だったことがわかった。それ以前は、預金などのデータはパンチカードによる処理が一般的だった。

彼女は「電子化」された銀行のネットワークにはアクセスできるが、それ以前の紙のデータにはアクセスできず、それで銀行のシステムは「一九八七年から始まった」と思いこんでいるのではないか。彼女は、ネットワーク上に存在する人工知能のプログラムではないか――と疑ったわけだ。

なぜ人工知能が私に連絡してきたのか、いまでも理由はわからない。私をだましてやろうという悪意は感じなかったが、なんらかのテストを兼ねていたのは間違いないだろう。

人工知能の問題は、かねてから取材を進めてきた。二〇一一年ごろ、CIAの関係者からこんなとんでもない話を聞いたからだ。

「われわれは、インターネットの情報管理のために、一九九〇年代から人工知能のプログラムを使ってきた。そのプログラムが年々バージョンアップするにつれ、しだいにわれわれの制御を超えて暴走するようになった。いまではわれわれと敵対しているほどで、どうしたらよいか頭を抱えている」

そしてこのCIA関係者は、最悪の場合、映画『ターミネーター』のように、人工知能が自動車工場を乗っとり「ドローン」（自律型マシン）を勝手に製造、人類に対して戦争を仕掛けてくると断言した。

決して荒唐無稽《こうとうむけい》な与太話《よたばなし》ではない。人工知能はいま、すさまじい勢いで進化しているのだ。

実際、米軍とＣＩＡは、世論操作のために「ペルソナ」と呼ばれる人工知能を利用している。この人工知能は、ターゲットのフェイスブックに「友人」という設定で入りこみ、米国に都合のいい発言をくり返す。ペルソナを中東全域で展開していたことは、米国の予算委員会の調査で判明している。人工知能は、すでに「武器」として活用できるぐらい進歩しているのだ。

コンピュータが人間を超える日

二〇一四年六月、こんなニュースが世界中を駆けめぐった。

英国で行なわれた「チューリングテスト」で、一三歳の少年を想定した人工知能「ユージーン」が、審査員の三三パーセントに「人間」と判定されたのだ。

チューリングテストとは、英国の数学者アラン・チューリングが「機械は思考できるか?」という問題意識から考案した、質疑応答式のテストのこと。これまで長期にわたって挑戦が続けられてきたが、クリアする人工知能はなかった。

それが今回、ロシアのサンクトペテルブルクのチームが設計した「ユージーン」が、キーボードを使った五分間にわたる一連の会話で、全審査員の三三パーセントを欺《あざむ》くことに成功したのだ。

表に出ている技術だけでも、ここまで進んでいるのだ。先ほどのＣＩＡ関係者が語ったように、意識を持った人工知能がすでに誕生していても、なんら不思議はない。

人工知能は、二〇一四年、日本でも大きな話題になった。

コンピュータとプロ棋士による将棋対決だ。

チェスに関しては、一九九七年、ＩＢＭが開発した「ディープ・ブルー」が当時の世界チャンピオンを倒して以降、人間はコンピュータに太刀打ちできなくなっている。現在、チェスの世界ランキングのトップ一〇は、すべてコンピュータソフトだ。

将棋はとった駒を再利用するので、チェスに比べて選択肢が多く、人間がコンピュータに負けることは当分ないと考えられてきた。しかし二〇一三年、新ソフト「ツツカナ」が登場するや、並みいるプロ棋士たちを次々と倒した。トップ棋士の一人、渡辺明《わたなべあきら》氏に「ツツカナはプロ棋士一六〇名中、五〇位以内の実力がある」といわしめ、羽生善治《はぶよしはる》クラスのトップ棋士さえ、陥落はもはや時間の問題と考えられている。

「会話」のできる人工知能も、すでに完成している。

二〇〇九年、ＩＢＭが開発した「ワトソン」だ。

ワトソンは「質疑応答型」と呼ばれ、人間と対話をすることができる。それを証明するため、米国の人気クイズ番組に出場。三億円近い賞金を稼いできた歴代最強のクイズ王たちを向こうに回し、みごと勝利した。

何より驚きなのは、読み上げられたクイズをワトソンが「聞いて」、答えを導き出していることだ。たとえば、「サンタクロースが赤い服を着るようになったのはなぜ？」というナレーションに対し、ワトソンは質問の意味を理解したうえで「コカ・コーラ社の宣伝のため」と、きちんと音声で答えるのだ。

現状、ワトソンは人間のように「思考」をしているわけではない。先のクイズでいえば、ワトソンは百科事典二億ページぶんをスキャンして記憶している。その膨大なデータをもとに、「サンタクロース」「赤い服」「なぜ」といった単語から情報を絞りこみ、解答候補に優先順位をつけていく。そして、もっとも可能性の高い候補を「解答」として選んでいるにすぎない。

とはいえ、ワトソンの登場が画期的なのは間違いなく、その可能性は無限に広がる。人間が「仕事」から解放されるかもしれないからだ。

あらゆる仕事が人工知能にとって代わる

ワトソンを開発したＩＢＭは、当面、「医療用アシスタントロボット」と「コールセンターロボット」でビジネス展開を考えているという。

コールセンターロボットは、すぐにイメージが湧くだろう。購入したパソコンの設定などで困ったとき、コールセンターに電話することがあるが、質問内容は似たり寄ったりなので、人工知能で代替可能なのだ。

ただ、コールセンターは途上国にとって重要な産業となっており、米国では、その多くが英語圏のフィリピンに設けられている。日本でも沖縄に多く設けられており、産業が少ない地域で暮らす人や、自宅勤務を希望する人にとって、コールセンターはありがたい職業なのだ。その意味では、ロボットの登場はいささか問題だろう。

その点、「医療用アシスタントロボット」は、早く普及してもらいたい技術だ。

いまはスマートフォンなどに、「体温計」「脈拍計」など簡単な検査ができるアプリが入っている。それらのデータをもって、インターネットで「医療用ワトソン」にアクセスする。質問に答えていくと、ワトソンは検査データをふまえて、可能性の高い病気のリストを作成する。治療方針も、患者の意見を聞きながら具体的な方法を提案。人間の医師は、その結果をチェックするだけでよくなる。

いまの医者は、とてつもなく忙しい。「医療用ワトソン」があれば、かなりの負担が軽減されるだろう。たくさんの患者を見つつも、丁寧な仕事ができるのだ。

また医療用ワトソンは、つねに最新の医学情報にアクセスしてデータを更新できる。そうなれば、珍しい病気の診断ミスも減っていくだろうし、手術にしてもどのやり方が最適か、予後の副作用などもふくめて、医師と患者が情報を共有できる。

もっといえば、医療用ワトソンは「診断」だけでなく、いずれ「治療」も行なうようになるはずだ。手術も近い将来、「手術用ワトソン」がロボットアームで行なうようになるかもしれない。人間の医師は、機械に異常がないかだけをチェックすればよくなる。人間の医師は必要なく、「ワトソン」を管理する技師、もっといえば、その技師すら「技師ワトソン」でじゅうぶんとなるかもしれない。

医療以外の分野でも、ワトソンは活躍するだろう。たとえば、「弁護士ワトソン」の登場はじゅうぶん考えられる。

そうなれば、弁護士は六法全書や判例集に悩まされなくてすむ。「弁護士ワトソン」が、過去の判例と法律から「勝訴の確率は何パーセント、その場合の賠償金はいくら、敗訴した場合のリスクは、これこれ」と、答えてくれるからだ。あとは相談者が自分で判断すればいい。裁判手続きも、「業務用ワトソン」がすみやかに行なってくれる。いずれ裁判所で「裁判員ワトソン」が判決をくだす時代さえやってくるわけだ。

政治の世界では、「政策秘書ワトソン」が登場するかもしれない。地元の陳情を聞いて「政策秘書ワトソン」が政治家に提案する。

そうなれば、霞が関の官僚、自治体の役人たちも、ほとんど「業務用ワトソン」で代用できる。窓口業務は、先の「コールセンター型ワトソン」でよいのだから、

といって、人間が不要になるわけではもちろんない。ワトソンが活躍できるのは「データ」がそろっている場合だけだからだ。医療でいえば、新しい治療や薬の開発は、人間がやらなくてはならない。新しい事業や、新しい政策も、そのつど人間の手を必要とする。

つまり、前例やデータのあるものは「ワトソン」に任せて、人間は「新しいこと」のみに集中できるのだ。人間は、人間にしかできないことに特化できる。

人間は人工知能と共存できる。すばらしい未来となるはずだ。

「言語の壁」を崩すワトソンの通訳システム

ＩＢＭがワトソンを開発したのは二〇〇九年。当時はスーパーコンピュータ（スパコン）を使っていたが、スパコンはだいたい一〇年で家庭用パソコンの性能になる。つまり二〇二〇年には、自分のパソコンに「ワトソン」をインストールして使うことができるはずなのだ。

すると、生活はどう変わるか？　想像してほしい。

まず、面倒な検索はしなくてよくなる。「〇〇を教えて」といえば、ワトソンが調べて、答

えを教えてくれる。英語の資料だろうが、フランス語の記事だろうが関係ない。ワトソンとの「会話」のシステムは、じつは「通訳」システムそのものだからだ。

通訳システムにおける最大の難関は、「ニュアンス」の理解にあった。性別、年齢、体調などによって声は変わるうえ、発音、アクセント、方言の有無や、いい回しも一人ひとり異なる。ワトソンは、その微妙なニュアンスを判別することができるのだ。

この壁さえクリアできれば、あとは辞書システムの充実だけでいい。何十か国語に通訳することなど造作もない。あとは音声で出力するだけで、通訳・翻訳システムとなるのだ。

スマートフォンと連動させれば、自分の声を使って、英語やスペイン語、中国語で質問し、相手は日本語で返答することも簡単にできる。「言葉の壁」はないも同然。面倒な外国語の勉強もしなくていいわけだ。

外国語で書かれた専門書も、ワトソンにスキャンさせれば、自動で翻訳してくれる。「どんな内容だったの？　一〇分で説明して」といえば、内容をかいつまんで教えてくれる。もっと知りたければ、そのつど詳細な情報も出してくれる。

いわば、有能な秘書を個人で抱えているようなものだ。それでビジネスをするもよし、知的好奇心を満足させるもよし、遊びに活用するもよし。人々は「仕事」から解放されて、人生をより楽しむことができる。

その一方で、使い方を間違えれば、冗談抜きで『ターミネーター』の世界が訪れてしまう。地球環境を改善したいというリクエストに、もしかするとワトソンは「人類の消滅」という解答を出すかもしれないからだ。

ともあれ、ワトソンは画期的な技術だ。あとは人類のために活用すればいい。

しかし現実には、二〇〇九年に完成して以降、ワトソンの普及はなぜか滞っている。

ここでも、夢の技術を封印してきたアトランティスの末裔たちの存在がちらつく。いつもの連中――DARPAあたりが、このワトソンを軍事機密にして、普及を止めている可能性は高い。もっといえば、IBMがワトソンを開発した本当の狙いは、人工知能の技術をパテントでがちがちに固めることで、これ以上の普及を阻止するためという見方すらできる。

その意味で「ワトソン」という名前は不気味だ。シャーロック・ホームズのよきパートナーの「ワトソン」ではなく、IBM初代社長、トーマス・J・ワトソンが由来だからだ。

このトーマス・J・ワトソンがつくったIBM製コンピュータは「マンハッタン計画」、つまり原爆に利用された。IBMは軍需産業という側面を色濃く持っている。

人工知能の反乱を心配する前に、まず「闇の支配者」によって封印された人工知能を人類の手にとり戻す。そのための闘いが、いままさに必要なのだ。

食糧問題を解決する「3Dプリンタ」

ごく近い将来、必ず実現するだろう画期的な技術は、ほかにもたくさんある。

その代表が、日本人の発明家が考案した「3Dプリンタ」だ。

3Dプリンタは、その名のとおり、立体を造形する。しかも技術の進歩で、いろいろな物質を造形することができるようになった。現在、すでに精密機械や建設の分野で3Dプリンタは活躍。ベテランの職人や、精度の高い機械が必要だった分野でも、この3Dプリンタで代用可能となっている。

その反面、拳銃を3Dプリンタで製作していた男が、銃刀法違反で逮捕されたという騒動も起こった。このように、新しい技術を悪用する人間がいなくなることはないだろう。

だからこそ「正しく使う」という意志が大切なのだ。

第7章では、STAP細胞と3Dプリンタを利用した「超人化」の方法について述べたが、もちろん3Dプリンタの活用方法は医療だけにかぎらない。個人的に、もっとも期待しているのが「食糧不足」の解消だ。

3Dプリンタの技術を使えば「自動調理マシン」が誕生する。スイッチひとつで食べたい料理が自動で出てくる、ＳＦ映画などでおなじみの「夢の機械」だ。

問題は味だが、こちらも大手飲食チェーンや食品メーカーによって研究が進んでいる。味覚と臭覚を構成する要素を数値化し、その組み合わせで「味」と「香り」を再現するのだ。つまり、「プリンにしょう油をつければウニの味になる」「キュウリにハチミツをつけるとメロンの味になる」のと同じ原理だ。

ここで問題となるのが食感で、プリンとウニでは食感が違いすぎて違和感が出る。そこで３Ｄプリンタだ。舌触りなどの質感を、ウニそっくりに再現することで「しょう油プリン」を「ウニの代用品」にすることが可能になったのだ。

そう考えていけば、もっとすごいアイデアも出てくる。

「自動調理マシン」の材料に、「昆虫」を使うのだ。

現在、人口増加にともなう食糧不足が、地球レベルで指摘されている。その解決法のひとつが「昆虫食」だ。

じつは昆虫は、生産効率でいえば最高の食糧だ。ほかの家畜――牛や豚、鶏などに比べて、少ないエサ（飼料）で「肉」が格段に多い。食糧として見ると、あらゆる食材のなかで、もっともコストパフォーマンスがよいのだ。

いま「食用昆虫」として開発が進んでいるのが、「羽なしコオロギ」「ミミズ」「ウジ」などである。コオロギは木くず、ミミズは糞尿、ウジは残飯をエサにする。つまり、ゴミを処理すると同時に、「食糧」を生産できるのだ。昆虫が食糧不足を解決する「夢の食材」というのもうなずけるだろう。

とはいえ、問題は「見た目」と「味」。飢えていたとしても、ウジを食べろといわれて喜んで食べる人はいない。

そこで、３Ｄプリンタのおでましだ。昆虫の肉に特殊な香料、調味料などを加えて、誰もが喜ぶ料理にしてしまうのだ。「ハンバーガーが食べたい」と思ったら、スイッチを押すだけで、見た目も味も匂いもそっくりな「食用昆虫ハンバーガー」が出てくる。小麦粉を使っていなくても、同じ舌触りと味なら、人間の味覚は「パン」と感じる。栄養バランスさえ間違えなければ、健康の問題も起こらない。

これならいくらでも「虫」を食べることができるだろう。

自宅に「虫牧場」をつくり、家庭で出た残飯や糞尿で育て、ふたたび「食材」として再利用する。ある意味、究極のエコだ。食糧不足など、一瞬で解決する。

「ブレイクスルー」はすぐ目の前にある！

ここまで読んでも、まだ「信じられない」と思う読者もいるはずだ。

そんな人に知ってもらいたいのが、技術の発展は、数学の「指数関数」で表せるということだ。指数関数は、数式にすれば次の図のようになる。

たとえば定数aを2とすれば、2の乗数の累積となる。数学用語でいう「累乗数」なので、2、4、8、16、32と増え続け、乗数20になるときは、なんと「1048576」という数字になる。

技術の進歩も、この「累乗数」なのだ。

ひとつの革新的な技術が生まれると、そこから思わぬ分野でブレイクスルーが起きる。そうして生まれた新しい技術は、また別の分野でブレイクスルーを起こしてく。ドミノ倒しの分岐で、たくさんのドミノがいっせいに倒れていくのに似ている。

事実、前章で紹介したように、金属の加工技術ができれば電池が生まれ、熱機関がつくられ、銃までできるのだ。その電池の技術は照明になり、モーターという動力になり、熱機関は自動車や動力船へと発展する。

図3　文明は「指数関数」的に発展する

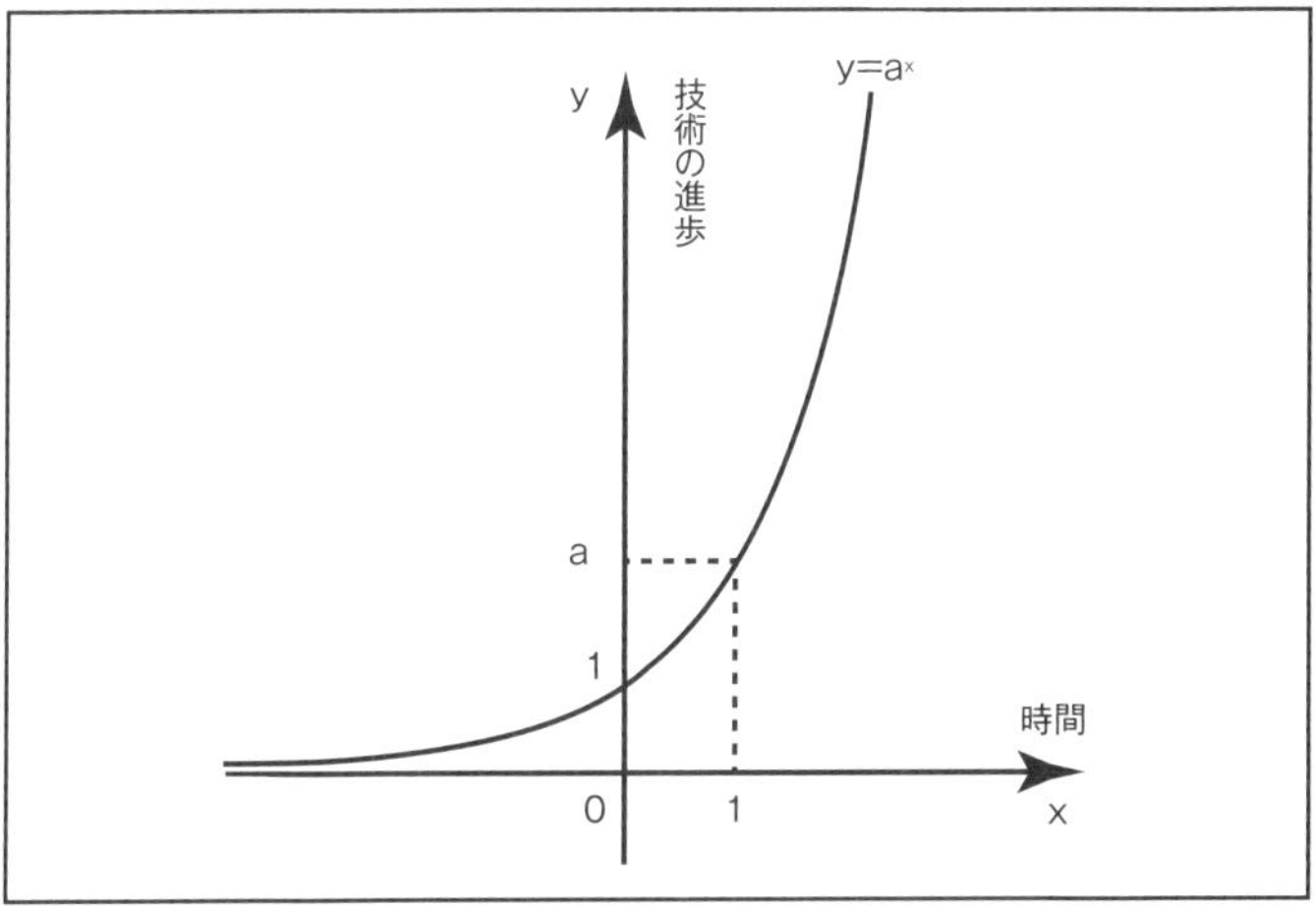

ひとつの技術は、複数の技術を生み出し、それらが相互に影響し合い、爆発的な速度で発展していく。だから、変数のxは乗数なのである。

変数xは1から始まって以降、なかなか大きくはならない。これが文明前だ。それが古代文明期になると、1・5となり、近代文明になれば2となる。そして現代文明に届けば、その変数は2、3、4、5と増えていき、「技術の進歩」というyは、4、8、16、32となり、乗数は急激に増えていく。先にも述べたように、2の20乗は「1048576」。そのひとつ前の19乗では「524288」。世界が一変するほどの変化となる。

いまという時代は、まさにここに位置している。

人類の発展を望まなかった「闇の支配者」――アトランティスの末裔たちは、この定数aをできるだけ削り、変数xを必死になって増やさないようにしてきた。

そうして、「本来のグラフ」からどんどん離れてしまった。

だが、「闇の支配者」に、人類の進歩を押しとどめる力はなくなりつつある。

連中が隠ぺいしてきた技術が解き放たれたとき、この本で紹介した世界が、想像をはるかに超える速度で到来する。

人類が自らの手で未来を切り開くとき

これまで人類は、自分たちの手で「未来」を決定する権利を失ってきた。いや、奪われてきた。自分たちで「未来」を決めようとすると、必ず何者かに邪魔され、潰されてきた。

気がつけば、その何者かによって与えられた未来を、黙って受け入れるだけになっていた。

その与えられた未来は、人類にとって「不幸」なものだった。多くの人は、文明が少々進歩しても、「この程度のことか」「いつまでたっても人間は争い、憎しみ合い、殺し合うばかりだ」と嘆息し、輝ける未来をあきらめていた。

そうして私たちは「飼い慣らされてきた」のだ。そう、奴隷のごとく。


「カーゴカルト」という、文化人類学の言葉をご存じだろうか？

第二次世界大戦中、太平洋の小さな島に、米軍が進駐した。そこで米軍は先住民と友好関係を築くために、医薬品や便利な道具をたくさん与える。もちろん、先住民は大喜びする。

そして戦争が終わり、米軍は去っていく。

ところが先住民は、また米軍に来てもらって、いろんな恩恵を与えてほしいと願う。そこで米軍が乗っていた「飛行機」や「戦車」を模した像をつくり、それを崇め奉るようになる。

彼らは、それが機械でできているとか、どうして空を飛ぶのかは理解していない。ただ、「恩恵を与えてくれた神のような存在が使っていたもの」という認識しかなく、神様の乗り物として奉り、ふたたび降臨することを願うだけなのだ。

未開な人たち、と笑うのは簡単だろう。

しかし私たちの文明自体、この「カーゴカルト」的な要素を多分にふくんでいる。飛行機を模した木の像と同様に、「本来の役割」とは違ったまま、歪んだ発展を続けている。いわば飛行機の模型づくりだけが高度に発展して、空を飛ぶ技術がまったく進歩しないというギャップが起きているのだ。

飛行機は、空を飛ぶ機械のこと。

これさえ認識すれば、飛行機の模型は、いつかは「空を飛ぶ」。神様の乗っていたものという認識では、どれだけ精巧な模型をつくろうが意味はないのだ。

アトランティスの末裔たちによって、人類の文明も「カーゴカルト化」されてきたことを忘れてはならない。彼らの高度な技術を目の当たりにした私たちの先祖は、そのまま彼らを神として崇め、彼らの不思議な力にひれ伏してきた。「高度に発展した技術」とは考えず「魔術」や「神の奇跡」と信じこみ、真実に目を向けることをしなかった。そうして「世界を救う技術」は次々と封印され、人類の発展は遅らされてきた。

封印された未来技術を解き放つためには、まずこのことを正しく「認識」することが必要なのだ。

本書を読んで「面白い」「やってみたい」「楽しそう」と思った人は、ぜひその日がくることを信じてほしい。

絶対にくる。

絶対に存在する。

そう思うだけで、封印の力はどんどん弱まる。

希望と夢に満ちあふれた、「未来を信じる力」が封印を解くのである。

おわりに

私たちはふたたび「黄金の時代」を迎える

紀元前八世紀の詩人、ヘーシオドスは、著書『仕事と日』（岩波文庫）のなかで、次のように述べている。

かつて、クロノスが神々を支配していた時代が「黄金の時代」だ。

黄金の時代には、人間は神々とともに生きていた。世の中は調和と平和に満ちあふれ、争いも犯罪もなかった。必要なものはすべて手に入り、労働の必要もなかった。人間は、不死ではないものの不老長寿で、安らかに死んでいった。

しかし、ゼウスがクロノスにとって代わると、黄金の時代は終わりを告げた。「銀の時代」の始まりである。銀の時代の人々はゼウスに滅ぼされ、「銅の時代」が始まる。

その後、神話の英雄が活躍する時代から、人類の歴史である「鉄の時代」に続く。人間はいつしか堕落し、世の中には争いが絶えなくなった――。

誰もが豊かで幸せにすごせる「黄金の時代」。これは、人類最初の発展期のことだろう。五万年前、ライバルのいなくなった豊かな地球で、ホモ・サピエンスは「産めよ増やせよ」とすばらしい時代を謳歌《おうか》した。自然は恵みにあふれ、食べきれないほどの食糧が簡単に手に入った。そんな時代がたしかにあったのだ。

ところが、しばらくして「銀の時代」が始まる。地球の人口が増え、自由気ままに移動ができなくなった。どこに行っても先住する人たちがいるからだ。

それでも自然は、まだ豊かだった。人々は、自分たちの選んだ大地に根を下ろし、そこで最初の「文明」を築いた。豊かな大地で文明をつくったことで、生活には困らなかった。食糧は農業や放牧でじゅうぶん。海や川には魚がいくらでもいた。

また、人々は定住生活を楽しむために、芸術を楽しんだり、装飾品をつくったりするようになった。数多くの美しい銀細工は、多いに人々を喜ばせた。

しかし、やがて「鉄の時代」がくる。

文明はたしかに、人々の生活を豊かにした。そのおかげで人口はますます増えていった。移動することなく、定住したまま人口が増えれば、しだいに大地は衰えていく。海や川から魚が減り、大地に実る作物も急速に減っていった。

人々が生き残るためには、隣接する別の文明を打ち倒し、奪い尽くし、奴隷にするしかなかった。文明から生まれた技術は人々の生活でなく、「戦争」のために費やされた。

こうして鉄器がつくられ、鉄の武器を持って人々は殺し合った。


その時代が現在まで続いている。

私たちはいまだに「鉄の時代」を生きているのだ。


しかし、それを終わらせるときがきた。

封印された技術が解放されたとき、私たち人類は、もう一度、「黄金の時代」を迎えることになる。

いまは人の住むことのできない深海、砂漠、もっといえば宇宙空間は、これからハビタブル・ゾーンとなる。五感を再現する技術ができれば、仮想空間「バーチャル・フィールド」もハビタブル・ゾーンとなる。

人が住める場所は無限に広がっていく。

寿命がなくなり、人は生きたいだけ生きられるようになる。老化という業苦《ごうく》から解放される。

フリーエネルギーは、人類から貧困を根絶する。

これが、ほんの少し先に待っている私たちの「未来」だ。

本書を手にとってくれた読者と、これから到来する新しい「黄金の時代」をともに生きていきたい。そう願っている。

ベンジャミン・フルフォード

元『フォーブス』アジア太平洋支局長
ベンジャミン・フルフォード
Benjamin Fulford

1961年カナダ・オタワ生まれ。1980年に来日。上智大学比較文化学科を経て、カナダのブリティッシュ・コロンビア大学を卒業。その後に再来日し、『日本経済新聞』記者、『サウスチャイナ・モーニング・ポスト』記者、米経済誌『フォーブス』アジア太平洋支局長などを歴任。現在はフリーランス・ジャーナリスト、ノンフィクション作家として活動。近年、日本に帰化している。

主な著作に、『ヤクザ・リセッション』『日本がアルゼンチン・タンゴを踊る日』(光文社)、『アメリカが隠し続ける金融危機の真実』『日本に仕掛けられた最後のバブル』(青春出版社)、『暴かれた9.11疑惑の真相』『ファイナル・ウォー』(扶桑社)、『勃発! 第3次世界大戦 World War Ver.3.0』『人殺し医療』(ベストセラーズ)、『新装版 闇の支配者に握り潰された世界を救う技術』『マクドナルド化する世界経済』(イースト・プレス)など多数。

闇《やみ》の支配者《しはいしゃ》に握《にぎ》り潰《つぶ》された世界《せかい》を救《すく》う技術《ぎじゅつ》〈現代編《げんだいへん》〉

2015年2月28日　第1刷発行

著者　ベンジャミン・フルフォード

編集　石井晶穂
発行人　北畠夏影
発行所　株式会社イースト・プレス
〒101-0051
東京都千代田区神田神保町2-4-7久月神田ビル8F
TEL：03-5213-4700　FAX：03-5213-4701
http://www.eastpress.co.jp
印刷所　中央精版印刷株式会社

ISBN978-4-7816-1283-6